AUTORE

Daniele Notaro, nato il 22 gennaio 2002 a Lavagna, è studente di Storia presso l'Università di Genova. Fin dalla prima adolescenza ha coltivato la passione per la Seconda Guerra Mondiale incentrandosi in particolare sulle vicende del Regio Esercito negli anni '30 e '40. Altri temi di suo interesse sono le forze armate cobelligeranti, le vicende dei reparti Autonomi della Resistenza italiana e la difesa costiera italiana dagli anni '30 alla fine della Seconda Guerra Mondiale. Ha iniziato a pubblicare i suoi primi scritti sul sito Tank Encyclopedia nel 2022 e nell'ultimo periodo ha collaborato con la rivista Storia Militare.

PUBLISHING'S NOTES

None of unpublished images or text of our book may be reproduced in any format without the expressed written permission of Luca Cristini Editore (already Soldiershop.com) when not indicate as marked with license creative commons 3.0 or 4.0. Luca Cristini Editore has made every reasonable effort to locate, contact and acknowledge rights holders and to correctly apply terms and conditions to Content.

Every effort has been made to trace the copyright of all the photographs. If there are unintentional omissions, please contact the publisher in writing at: info@soldiershop.com, who will correct all subsequent editions.

Our trademark: Luca Cristini Editore©, and the names of our series & brand: Soldiershop, Witness to war, Museum book, Bookmoon, Soldiers&Weapons, Battlefield, War in colour, Historical Biographies, Darwin's view, Fabula, Altrastoria, Italia Storica Ebook, Witness To History, Soldiers, Weapons & Uniforms, Storia etc. are herein © by Luca Cristini Editore.

LICENSES COMMONS

This book may utilize part of material marked with license creative commons 3.0 or 4.0 (CC BY 4.0), (CC BY-ND 4.0), (CC BY-SA 4.0) or (CC0 1.0). We give appropriate attribution credit and indicate if change were made in the acknowledgments field. Our WTW books series utilize only fonts licensed under the SIL Open Font License or other free use license.

For a complete list of Soldiershop titles please contact Luca Cristini Editore on our website: www.soldiershop.com or www.cristinieditore.com. E-mail: info@soldiershop.com

Titolo: **OCCUPAZIONE ITALIANA DELL'ALBANIA L'ANSCHLUSS ITALIANO** Code.: **WTW-056 IT**
Di Daniele Notaro
ISBN code: 9791255890799. Prima edizione: marzo 2024.
Lingua: Italiano; dimensione: 177,8x254mm Cover & Art Design: Luca S. Cristini

WITNESS TO WAR (SOLDIERSHOP) is a trademark of Luca Cristini Editore, via Orio, 33D - 24050 Zanica (BG) ITALY.

WITNESS TO WAR

OCCUPAZIONE ITALIANA DELL'ALBANIA
L'ANSCHLUSS ITALIANO

PHOTOS & IMAGES FROM WORLD WARTIME ARCHIVES

DANIELE NOTARO

BOOKS TO COLLECT

INDICE

INTRODUZIONE..Pag. 5

LA FINE DELLA PRIMA GUERRA MONDIALE E LA GUERRA DI VALONA...Pag. 7

I RAPPORTI TRA IL REGNO D'ITALIA E L'ALBANIA TRA IL 1920 E IL 1939...Pag. 11

IL PIANO D'INVASIONE ITALIANO...Pag. 17

LE FORZE ARMATE ALBANESI E IL PIANO DIFENSIVO...........................Pag. 25

    Lo sbarco e l'occupazione dell'Albania..Pag. 34

    Le azioni della Regia Aeronautica...Pag. 37

    L'arrivo degli altri scaglioni e di nuove divisioni..............................Pag. 50

LE PERDITE..Pag. 71

CONSIDERAZIONI SULLE OPERAZIONI ITALIANE................................Pag. 71

L'UNIONE DELL'ALBANIA AL REGNO D'ITALIA E L'INCLUSIONE DELLE FORZE ARMATE ALBANESI IN QUELLE ITALIANE..Pag. 73

    Il Partito Fascita Albanese e la Milizia Fascista Albanese.................Pag. 73

    Unità albanesi del Regio Esercito...Pag. 73

    Gendarmeria e Carabinieri Reali..Pag. 75

    Guardia di Confine e Regia Guardia di Finanza..............................Pag. 75

    Guardia Reale Albanese...Pag. 76

LA RESISTENZA ALBANESE FINO ALL'ARMISTIZIO.................................Pag. 81

Appendice: I decorati italiani durante le operazioni in Albania.......................Pag. 93

Bibliografia..Pag. 97

Sitografia...Pag. 98

INTRODUZIONE

L'occupazione italiana dell'Albania, avvenuta nell'aprile 1939, è un tema poco trattato dalla maggior parte dei testi inerenti alla storia delle nostre forze armate e spesso viene citato in poche righe o descritto come un'azione di poca importanza e senza difficoltà.
Nella realtà l'invasione del Regno d'Albania fu un campanello d'allarme e mostrò tutta l'inefficienza delle regie forze armate italiane in una guerra moderna come sarà poi la Seconda Guerra Mondiale che vedrà il Regno d'Italia subire una sconfitta dopo l'altra.
Quella che doveva essere una 'passeggiata di salute' in realtà costò il sangue dei soldati e marinai italiani, soprattutto nella zona di Durazzo, e solo la debolezza dell'apparato militare del piccolo stato balcanico non farà pagare caro agli italiani la mal organizzazione dell'operazione e i problemi logistici.
Il libro, dopo una descrizione degli avvenimenti pre 1939, si incentrerà sulle tappe dell'invasione per poi passare alla descrizione dell'integrazione delle forze armate albanesi in quelle italiane.

Ringraziamenti

Questo libro non sarebbe mai stato scritto senza l'aiuto dell'amico Arturo Giusti e di Paolo Crippa, che gentilmente mi ha permesso di scrivere per questa casa editrice.
Voglio ringraziare anche Giulio Poggiaroni per l'aiuto inerente alle vicende della *Regia Marina* e l'amico Giorgio per avermi aiutato nella revisione del testo.

▲ Re Zog I a colloquio con Galeazzo Ciano durante la visita del ministro degli esteri italiani in Albania nel 1937.

▲ Comando italiano in Via della Prefettura a Valona durante la Prima Guerra Mondiale.

▼ Truppe albanesi mettono in batteria due cannoni catturati alle forze italiane durante un attacco verso Valona.

LA FINE DELLA PRIMA GUERRA MONDIALE E LA GUERRA DI VALONA

Le relazioni tra il Regno d'Italia e l'Albania sono state strette fin dalla nascita del piccolo stato balcanico nel 1912.

Il Trattato di Londra, firmato tra l'Italia e le forze dell'Intesa nel 1915, prevedeva, all'articolo 6, la sovranità italiana su Valona, sull'isola di Saseno (in albanese Sazan) e su un territorio che permettesse la difesa di esse.

Durante la Prima Guerra Mondiale, le forze italiane furono quindi dispiegate in Albania per combattere le Potenze Centrali e dopo la fine del conflitto gran parte del paese rimase in mano agli Italiani.

Fino al 1919 non vi furono grossi problemi ma pian piano la situazione iniziò a peggiorare a causa del deterioramento del *Corpo Truppe Albania*, comandato dal Generale Settimio Piacentini, e per focolai nazionalisti nel sud del paese, tra Argirocastro e Valona, fomentati dalla possibilità di una occupazione greca nella regione.

Nel gennaio del 1920 venne riunito un congresso nazionale albanese a Lushnje, il quale dichiarò decaduto il governo provvisorio filo-italiano di Durazzo. Venne nominato un nuovo governo, con sede a Tirana, presieduto dal primo ministro Suleiman bey Delvino, il quale ebbe da subito il supporto della Gendarmeria albanese che divenne la sua principale forza armata.

La situazione italiana però continuò a peggiorare, soprattutto per la mancanza dei rinforzi voluti da Piacentini il quale richiedeva almeno due brigate; ad aprile il *Comando Truppe Albania* aveva sotto i suoi ordini la *13ª Divisione* nel nord del paese, composta dalla *Brigata 'Udine'*, dal VI Raggruppamento Alpino, da due batterie di artiglieria da montagna e da truppa miste e la *36ª* a sud formata dai rimasugli delle brigate 'Verona' e 'Puglie', da tre battaglioni del *10° Reggimento Bersaglieri* e dal *LIV Gruppo Artiglieria da Montagna*.

Il totale degli italiani si aggirava attorno ai 10'000 effettivi, un numero insufficiente che a malapena avrebbe potuto mantenere il trincerone difensivo attorno a Valona; dopo poco iniziarono le prime scaramucce tra albanesi ed italiani e a maggio il governo italiani decise di abbandonare l'entroterra limitandosi solo a mantenere alcune zone costiere.

A Valona vennero mantenuti i rimasugli di tre reggimenti di fanteria (*72°, 85° ed 86°*) supportati da una batteria d'artiglieria per un totale di appena 800 uomini con 34 sezioni mitragliatrici; nel sud del paese, a protezione di Valona, vi erano il *71° Reggimento di Fanteria 'Puglie'*, dislocato tra Tepeleni, Argirocastro e Santi Quaranta ed il *10° Reggimento Bersaglieri* sito tra Himara e Porto Palermo per un totale di appena 900 uomini.

Nel nord del paese l'occupazione italiana si limitava agli abitati di San Giovanni di Medua, Alessio e nel centro Durazzo, mantenuti da elementi della *Brigata 'Udine'*, del *2° e 14° Gruppo Alpini* e da unità d'artiglieria.

A metà maggio la *Gendarmeria* albanese di Argirocastro aveva come obiettivo un'insurrezione contro Tepeleni e Valona; Piacentini, di tutta risposta, fece sbarcare a Valona i battaglioni alpini *'Dronero'*, *'Saluzzo'*, ed *'Intra'*, i quali erano già diretti verso l'Italia, creando malcontento tra i soldati italiani ma riuscendo ad arginare l'attacco di 600 albanesi.

La situazione però non migliorò, il 20 maggio il comitato di difesa nazionale albanese proclamò l'insurrezione contro gli italiani, riuscendo a raggruppare qualche migliaio di uomini, e ai primi di giugno inviò un ultimatum al *Comando Truppe Albania* il quale ovviamente non venne accettato.

Il 5 giugno scattò l'attacco albanese che colpì le posizioni italiane a difesa di Valona; le unità italiane, spesso isolate e sottorganico, combatterono come potevano ma vennero sopraffatte dagli albanesi che in tre giorni catturarono circa 800 uomini, occupando centri della cintura difensiva di Valona (come Giormi e Quota 115) e sopraffacendo i presidi italiani nel sud del paese; Piacentini ordinò il ritiro delle poche truppe rimaste verso Valona.

Solo a danno avvenuto il governo italiano iniziò a muoversi e venne deciso l'invio della *Brigata 'Piacenza'*, della *15ª Squadriglia Autoblindo* e di tre battaglioni d'assalto cosa che provocò molte proteste in Italia da parte dei socialisti, contrari all'occupazione dell'Albania.

La *Brigata 'Piacenza'*, forte di 1'500 uomini, giunse a Valona il giorno 9, migliorando la situazione del presidio italiano; tuttavia, il giorno stesso gli italiani vennero raggiunti da un nuovo ultimatum e la città circondata da circa 5'000 albanesi pronti ad attaccare.

Proprio il giorno dopo partì l'attacco albanese, concentrato soprattutto nella parte meridionale delle difese italiane, quest'ultimo venne respinto a caro prezzo anche grazie al contrattacco di due battaglioni alpini mentre un' insurrezione nel quartiere musulmano di Valona venne bloccato dai Carabinieri e da un reparto di militari carcerati in attesa di giudizio.

Il giorno 16 giunsero a Valona i 1'700 uomini dei tre battaglioni d'assalto e la *15ª Squadriglia Autoblindo*; così alla fine di giugno il presidio italiano di Valona poteva contare su più di 5'000 uomini con 142 mitragliatrici, quattro autoblindo e 18 cannoni.

A colpire le truppe italiane non erano solo gli albanesi ma anche la malaria che affliggeva i due terzi degli italiani a presidio della città.

In Italia continuarono le proteste contro l'invio di uomini in Albania e giunsero anche insurrezioni da parte di soldati italiani, come nel caso di un reparto di arditi a Brindisi.

A luglio iniziarono ad intavolarsi tentativi di accordi con il governo di Tirana, grazie all'intervento del barone Carlo Maria Alberto Aliotti, mentre il presidio vide l'arrivo del *264° Reggimento di Fanteria 'Gaeta'*; il 23 luglio 4'000 albanesi attaccarono le posizioni italiane ma vennero duramente respinti.

Finalmente il 2 agosto, con la firma del Protocollo di Tirana, terminò l'occupazione italiana di Valona ed entro la fine del mese tutte le forze italiane rientrarono in patria.

▲ Soldati italiani e militari albanesi presso Argirocastro durante la Prima Guerra Mondiale. Fonte: L'Illustrazione Italiana.

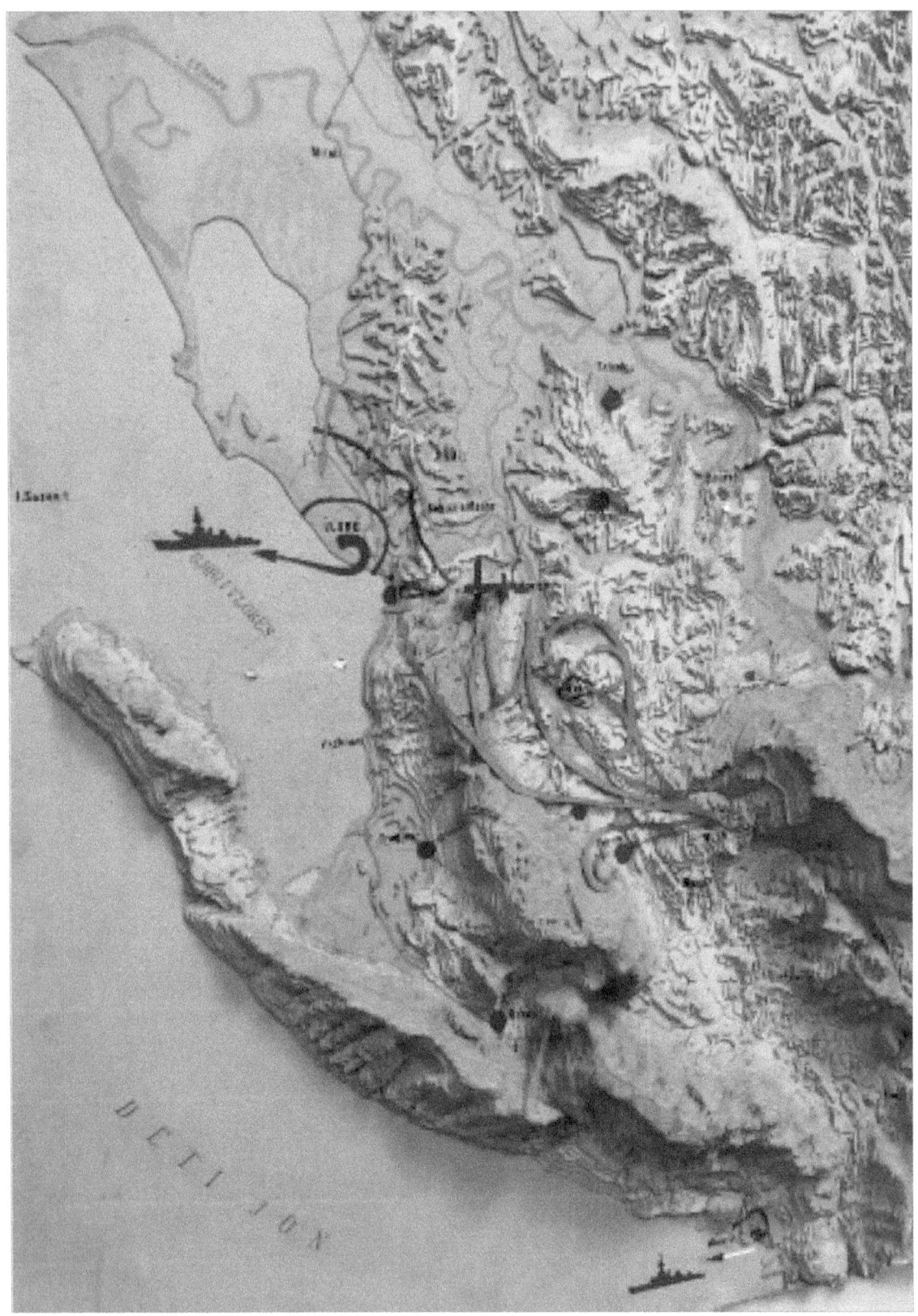

▲ Mappa dell'attacco albanese alle posizioni italiani attorno a Valona.

I RAPPORTI TRA IL REGNO D'ITALIA E L'ALBANIA TRA IL 1920 E IL 1939

Ad ottobre del 1920 l'Albania fece richiesta per entrare a far parte della Società delle Nazioni e dopo poco venne ammessa. La cosa portò subito il governo schipetaro ad una richiesta sulla revisione dei confini, anche a causa di una rivolta nel nord del paese che aveva portato alla nascita della Repubblica non riconosciuta di Mirdita, sostenuta dalla Jugoslavia.

Il 9 novembre 1921 i rappresentanti di Italia, Giappone, Francia ed Inghilterra presero due decisioni definitive: venne riconosciuta l'Albania come stato indipendente e vennero fissati i suoi confini, la cui violazione fu riconosciuta come 'questione d'importanza internazionale' e in caso di attacco quest'ultima avrebbe avuto il supporto dell'Italia per preservarne l'indipendenza.

Venne costituita una commissione interalleata il 18 gennaio 1922, guidata dal Generale Enrico Tellini, che aveva l'obiettivo di stabilire le nuove frontiere albanesi ma il 27 agosto 1923 Tellini fu ucciso da parte di bande epirote supportate dalla Grecia; il Governo Mussolini, di tutta risposta, bombardò ed occupò l'isola di Corfù ma l'intervento di Francia ed Inghilterra costrinse il Duce al ritiro delle truppe italiane.

Il piccolo stato negli anni ebbe grossi problemi di politica interna, nel dicembre 1921 prese il potere Ahmed Muhtar Zogolli (il futuro re Zog I) grazie al supporto della Gendarmeria ma da subito vi fu una forte opposizione, la quale sfociò in un'insurrezione nel giugno 1924 che portò al potere Monsignor Tehofan Stilian Noli, detto Fan Noli, mentre Zogolli venne costretto a fuggire a Belgrado.

Il nuovo governo però fu un fallimento e già a dicembre Zogolli ritornò in Albania, alla guida di qualche migliaio di armati, rovesciando il governo di Fan Noli e facendosi nominare presidente della repubblica.

Da subito Zogolli aumentò l'efficienza della *Gendarmeria*, che vide duplicare i propri effettivi, mentre dal punto di vista internazionale iniziò ad avvicinarsi molto all'Italia grazie ad accordi economici e all'invio, dalla fine del 1925, di istruttori italiani presso le forze armate albanesi che nel 1927 portò alla nascita di una missione militare[1], comandata dal Colonnello Alberto Pariani, con scopo l'obiettivo di riorganizzare le forze armate albanesi trasformandole in una forza moderna e non più organizzata in bande.

La missione si incuneò in tutti gli ambiti delle forze armate albanesi, vennero organizzate scuole militari e corsi premilitari mentre per quanto riguarda l'organizzazione dell'esercito da subito vennero costituiti alcuni reggimenti, agli ordini di Tenenti Colonnelli italiani, formati da tre battaglioni di fanteria, tre batterie d'artiglieria ed una compagnia del genio, e subito dopo nacquero anche due divisioni i cui capi di stato maggiore erano sempre italiani.

---

1 Nel 1930 la missione contava 163 ufficiali, 42 tra sottufficiali e truppa e 2 impiegati civili mentre la Regia Marina inviò una piccola missione per organizzare la marina albanese. Tratto da *L' Attività Degli Addetti Militari Italiani All'Estero Fra Le Due Guerre Mondiali (1919-1939)*, op. cit. in bibliografia.

Gli italiani si interessarono anche di formare una linea difensiva contro un'invasione jugoslava, che venne costruita tra Milot e Librazhd con lo scopo di arginare l'attacco nemico in attesa dell'arrivo di forze italiane per dare manforte agli albanesi.

Anche la piccola marina albanese ebbe una missione italiana, composta da pochi ufficiali e specialisti con qualche mezzo, mentre la Gendarmeria venne organizzata da una missione britannica.

Il 1° settembre 1928 Zogolli si autoproclamò re, con il nome di Zog I, ed iniziò ad allontanarsi dall'Italia cosa che nel 1931 lo portò a non rinnovare il patto di amicizia e sicurezza con essa e da Roma venne scelto di ritirare Pariani per sostituirlo con il Colonnello Riccardo Balocco, il quale notò come la situazione italiana in Albania si stesse deteriorando.

Zog iniziò ad avvicinarsi alla Jugoslavia ma non poteva permettersi tensioni con l'Italia per cui, dopo il 1933, stipulò vari patti economici e militari con essa promettendo anche un supporto albanese in caso di attacco italiano alla Jugoslavia.

Nel 1937 il Ministro degli Esteri italiano Galeazzo Ciano giunse in visita a Tirana, venendo accolto benevolmente, e mettendo le basi per vari programmi di lavori pubblici; subito dopo l'occupazione tedesca dell'Austria nel marzo 1938 Ciano intimò Mussolini di occupare il piccolo stato balcanico ma il Capo di Governo rinviò l'invasione preferendo che venisse effettuata in collaborazione con la Jugoslavia.

Effettivamente iniziarono vari accordi tra Italia e Jugoslavia e lo stesso Zog cominciò a capire che la situazione poteva peggiorare irrimediabilmente ma la caduta del Primo Ministro jugoslavo Milan Stojadinovic eliminò gli accordi tra Italia e Jugoslavia e costrinse la prima ad accelerare i tempi per un' occupazione dell'Albania, prima che la Jugoslavia si rafforzasse politicamente.

A creare problemi fu anche l'occupazione tedesca della Boemia la quale, secondo il Ministro Consigliere Francesco Jacomoni, portò re Zog a considerare un attacco verso il Kosovo e a mettersi a completa disposizione dell'Italia in caso di attacco alla Jugoslavia.

Molto probabilmente Zog bluffava e prevedeva un intervento militare italiano, dall'altra parte Mussolini, dopo aver avuto rassicurazioni da Germania, Ungheria, Inghilterra e Jugoslavia, decise di agire ed il 25 marzo venne inviata a re Zog una richiesta di annessione al Regno d'Italia che fu ignorata dal reggente albanese.

Il 2 aprile fu la volta di un ultimatum, rifiutato tre giorni dopo; nel mentre la popolazione albanese iniziò a protestare contro le pretese italiane ed il governo Mussolini decise di rimpatriare gli italiani, compresa la missione militare che tornò in patria il 5 aprile.

Il giorno 6 i convogli italiani partirono verso le coste albanesi mentre il giorno dopo re Zog, invece di unire il popolo per opporre resistenza agli italiani, decise di fuggire in Grecia.

▲ Lapide eretta nel 1939 in memoria del Generale Enrico Tellini, ucciso il 27 agosto 1923 da una banda epirota mentre era alla guida di una commissione interalleata inviata in Albania per stabilire i confini.

▲ Tre ufficiali, seguiti da un sergente, sbarcano a Corfù il 29 agosto 1923 con la bandiera di guerra del 16° Reggimento di Fanteria. Fonte: L'Illustrazione Italiana N°36.

▼ Imbarcazioni italiane pronte a sbarcare i soldati italiani sull'Isola di Corfù il 29 agosto 1923. Fonte: L'Illustrazione Italiana N°36.

▲ Tehofan Stilian Noli, l'uomo al centro con la barba, subito dopo aver preso il potere in Albania nel giugno 1924.

▼ Re Zog I, accompagnato da una delegazione musulmana, mentre passa in rassegna un reparto dell'esercito i cui soldati sono armati tutti con Carcano 91.

▲ Re Zog I assieme alle sue tre sorelle Myzjen, Ruhije and Maxhide. Le uniformi sono quasi la copia esatta dell'uniforme modello 1934 utilizzata dagli ufficiali italiani.

▼ Il Ministro degli Esteri Galeazzo Ciano in visita in Albania mentre passa in rassegna alcuni militari albanesi accompagnato dal Generale Xhemal Aranitasi [a sinistra], comandante dell'esercito albanese.

IL PIANO D'INVASIONE ITALIANO

Il piano d'invasione italiano era già stato studiato da tempo dallo *Stato Maggiore del Regio Esercito* e la mobilitazione delle unità assegnate al corpo di spedizione non sarebbe stato un grosso problema ma il governo non concesse il tempo sufficiente ad un'ottima organizzazione e il *Regio Esercito* fu costretto a mobilitare unità formate da reparti di formazione che avevano il grave problema di essere poco coese.

Il 13 marzo il Capo di Stato Maggiore del Regio Esercito, Alberto Pariani, descrisse il piano a Mussolini, Jacomoni e Ciano sottolineando che il comando del corpo di spedizione sarebbe stato affidato al Generale Alfredo Guzzoni, al tempo ancora all'oscuro venendo informato di ciò solo il 31 marzo.

Agli inizi di aprile venne organizzato il corpo di spedizione, denominato *Corpo di Spedizione Oltre-Mare Tirana (OMT)*, il quale fu suddiviso in tre scaglioni per un totale di 22'000 uomini, 64 cannoni, 125 carri armati CV 35, 860 automezzi, 1'200 motociclette, 5'500 biciclette e 2'500 quadrupedi.

Il *I Scaglione*, ossia l'unico che prese effettivamente parte all'invasione, era suddiviso in quattro colonne con obiettivi località differenti:

- *Colonna Scattini*: Al comando del Colonnello Arturo Scattini doveva sbarcare a San Giovanni di Medua (in albanese Shëngjin) e aveva come obiettivi Devoli e Valona;

   La colonna era formata da un reggimento di Bersaglieri, formato dal *III, VI e XXVIII Battaglione*, da mezzo battaglione del *Reggimento Fanteria di Marina 'San Marco'*, da una sezione radio R.4[2], da due stazioni radio (una R.4A[3] e una R.O.C.[4]) e da una autofficina;

- *Colonna Messe*: Al comando del Generale Giovanni Messe doveva sbarcare a Durazzo e avanzare su Tirana e Coriza.
   La colonna era composta dal *Reggimento Bersaglieri 'Sozzani'*[5], formato dal *II, XIV e XVII Battaglione*, dal *Reggimento di Formazione 'Mannerini'*[6], composto da *I e II Battaglione* e da una batteria da 65/17 del *3° Reggimento 'Granatieri di Sardegna'*, dal *Gruppo Tattico 'Anderson'*[7], formato dal *VII e XI Battaglioni Bersaglieri*, dal *Raggruppamento Carri d'Assalto 'D'Antoni'*[8], composto dal *VIII e X Battaglioni Carri L* con 31 carri CV 35, dal *I° Battaglione del 47° Reggimento di Fanteria 'Ferrara'*, da una

---

2 Stazione radio someggiabile destinata alle *Sezioni Radiotelegrafisti* delle divisioni di fanteria e divisioni celeri. Tratto da www.angetmi.it.
3 Entrata in servizio nel 1934 era una radio trasmittente e ricevente destinata alle comunicazioni tra i comandi delle Grandi Unità e gli aerei in volo. Tratto da www.angetmi.it.
4 Sviluppata nel 1935 per i reparti coloniali, aveva lo scopo del collegamento tra i comandi delle unità.
5 Comandata dal Colonnello Nino Sozzani.
6 Comandata dal Colonnello Alberto Mannerini.
7 Comandata dal Colonnello Amerigo Anderson.
8 Comandata dal Colonnello Giovanni D'Antoni.

batteria da 20 mm della *23ª Divisione di Fanteria 'Murge'*⁹, da due sezione radio R.4, da tre stazioni radio (una R.4A e due R.O.C.) e da una autofficina;

- *Colonna Bernardi*: Comandata dal Colonnello Tullio Bernardi aveva come obiettivo la zona di Fieri dopo essere sbarcato a Valona.

  Era formata da un reggimento Bersaglieri, composto dal *I e XVI Battaglione*, dal *XL e LXXVI Battaglione Camicie Nere*, da due stazioni radio (una R.4A e una R.O.C.) e da una autofficina;

- *Colonna Carasi*: Agli ordini del Colonnello Mario Carasi aveva come obiettivo Devoli e Argirocastro dopo essere sbarcata a Santi Quaranta (in albanese Saranda).

  La colonna era composta da un reggimento Bersaglieri, forte del *XX e XXIII Battaglione*, dal *III° Gruppo Squadroni Carri Veloci 'San Giorgio'*, da mezzo battaglione del *Reggimento Fanteria di Marina 'San Marco'*, da una sezione radio R.4, da due stazioni radio (una R.4A e una R.O.C.) e da una autofficina.

Il totale delle forze del *I Scaglione* era di 10'400 uomini tra sottufficiali e truppa e 560 ufficiali, nel conteggio non sono calcolati il battaglione del *San Marco* ed i due battaglioni Camicie Nere[10].

Dopo l'occupazione del paese sarebbero sbarcati i successivi due scaglioni, il *II* composto da un battaglione della *23ª Divisione di Fanteria 'Murge'*, dal *Reggimento Provvisorio di Cavalleria* (formato da due gruppi squadroni carri), da una compagnia di fanteria presidiaria, da due compagnie del Genio e da tre Gruppi d'artiglieria mentre il *III* era formato dal comando della *23ª Divisione di Fanteria 'Murge'* e dal *Gruppo Battaglioni Camicie Nere 'Peano'*, forte di quattro battaglioni (*XCII, CXI, CII e CLII*).

Per trasportare il Corpo di Spedizione vennero organizzati vari convogli partenti da Taranto, Brindisi e Bari; La *Regia Marina* per l'operazione dislocò una grande forza al comando dell'Ammiraglio Arturo Riccardi che venne suddivisa in quattro gruppi[11].

Il *Primo Gruppo*, al comando dell'Ammiraglio di Divisione Angelo Iachino, aveva come obiettivo San Giovanni di Medua e disponeva di un incrociatore leggero (*Giovanni dalle Bande Nere*), tre cacciatorpediniere (*Da Recco, Folgore e Fulmine*), due torpediniere (*Pleiadi e Polluce*), una nave cisterna (*Garigliano*) e una motonave (*Umbria*).

Il *Secondo Gruppo*, con obiettivo Durazzo, era comandato dall'Ammiraglio di Squadra Sportello e disponeva di tre incrociatori pesanti (*Gorizia, Pola e Zara*), quattro torpediniere (*Libra, Lince, Lira e Lupo*), una nave porta idrovolanti (*Giuseppe Miraglia*), una nave officina (*Quarnaro*), due navi cisterna (*Adige e Tirso*), due motonavi (*Adriatico, Barletta*) e quattro

---

9 Costituita nel marzo 1939 e composta dai reggimenti di fanteria *47° e 48° e dal 14° Reggimento di Artiglieria*. La divisione il 24 maggio dello stesso anno venne ridenominata *23ª Divisione di Fanteria 'Ferrara'*. Tratto da *L'esercito e i suoi corpi*, op. cit. in bibliografia.

10 Il battaglione del *San Marco* aveva una forza di 664 uomini mentre quelli Camicie Nere di 1'500 uomini. Tratto da *Diario Storico del Comando Supremo Volume I Tomo 2*, op. cit. in bibliografia.

11 Non sono contati nella lista ma erano presenti anche tre MAS [Motoscafo Armato Silurante]. Tratto da *La Regia Marina tra le due guerre mondiali*, op. cit. in bibliografia.

piroscafi (*Argentaro*, *Palatino*, *Toscana* e *Valsavoia*).

Il *Terzo Gruppo* comandato dall'Ammiraglio di Squadra Arturo Ricciardi aveva come obiettivo Valona ed era formato da due corazzate (*Conte di Cavour* e *Giulio Cesare*), quattro cacciatorpediniere (*Grecale*, *Libeccio*, *Saetta* e *Scirocco*), quattro torpediniere (*Castore*, *Centauro*, *Cigno* e *Climene*), un posamine (*Azio*), una nave cisterna (*Isonzo*) ed un piroscafo (*Sannio*).

Il *Quarto Gruppo* aveva come obiettivo Santi Quaranta agli ordini dell'Ammiraglio di Divisione Oscar di Giamberardino e disponeva di due incrociatori leggeri (*Duca degli Abruzzi* e *Giuseppe Garibaldi*), due cacciatorpediniere (*Baleno* e *Freccia*), quattro torpediniere (*Airone*, *Alcione*, *Aretusa* e *Ariel*), tre navi cisterna (*Garda*, *Sesia* e *Scrivia*) un piroscafo (*Asmara*) ed una motonave (*Marin Sanudo*).

Il compito della *Regia Marina* era quello di scorta ai convogli e di supporto dalla costa alle colonne avanzanti.

La *Regia Aeronautica* per l'invasione mobilitò la *Squadra 'A'* da elementi della *2ª Squadra Aerea* e venne messa al comando del Generale di Squadra Aerea Francesco Pricolo, già comandante della *2ª Zona Aerea Territoriale* e della *2ª Squadra Aerea*.

La *Squadra 'A'*, dislocata in vari aeroporti pugliesi, disponeva di un totale di 350 aerei suddivisi in una *Divisione da Bombardamento*[12], una mista con caccia e bombardieri[13], una *Divisione Trasporti*[14], il *28° Stormo T*, uno Stormo civile[15], il *35° Stormo Bombardamento Marittimo* e la *42ª Squadriglia Osservazione Aerea*.

Lo scopo di queste unità aeree, oltre al supporto delle colonne dell'esercito, era quello di trasportare i due battaglioni Granatieri ed, eventualmente, di altre truppe e rifornimenti mentre la *42ª Squadriglia Osservazione Aerea* doveva assicurare i collegamenti tra le varie colonne avanzanti.

---

12 Formata dall' *11°* e *12° Stormo*. Tratto da *La Regia Aeronautica 1939-1943*…,op. cit in bibliografia.
13 Formata dal *6° Stormo Caccia Terrestre*, *30°* e *36° Stormo Bombardamenti Terrestre*. Tratto da *La Regia Aeronautica 1939-1943*…,op. cit in bibliografia.
14 Formata dal *33°* e *34° Stormo Bombardamento Terrestre*. Tratto da *La Regia Aeronautica 1939-1943*…,op. cit in bibliografia.
15 Formato da 40 aerei delle compagnie aeree *Linee Aeree Transcontinentali Italiane*, *Ala Littoria* e *Aviolinee Italiane*. Tratto da *La Regia Aeronautica 1939-1943*…,op. cit in bibliografia.

▲ Il Generale Alfredo Guzzoni.

▲ Giovanni Messe, comandante della Colonna Messe, in visita ad alcuni Bersaglieri schierati sul fronte russo nel 1942. Fonte ACS.

▼ La corazzata *Andrea Doria* in navigazione durante alcune manovri navali.

▲ Bellissima foto dell'incrociatore pesante *Zara* mentre apre il fuoco con i suoi cannoni da 203 mm contro una formazione navale nemica durante la Seconda guerra mondiale.

▼ La nave porta idrovolanti *Giuseppe Miraglia* in una fotografia degli anni '30.

▲ Il Generale di Squadra Aerea Francesco Pricolo (a destra) a colloquio con alcuni piloti italiani durante la Battaglia delle Alpi Occidentali nel giugno 1940. Fonte ACS.

▲ Soldati dell'esercito albanese durante una rivista. Da notare l'armamento e l'equipaggiamento completamente italiano così come il vestiario che assomiglia molto a quello italiano.

LE FORZE ARMATE ALBANESI E IL PIANO DIFENSIVO

L'esercito albanese (in albanese Ushtria Mbretërore Shqiptare) nell'aprile 1939 era comandato dal Generale Xhemal Aranitasi che però fuggì alla vigilia dell'invasione italiana ed il comando passò al Colonnello Prenk Pervizi, poi comandante dei partigiani albanesi durante la Seconda Guerra Mondiale.

L'esercito aveva una forza di circa 15'000 uomini ma alla vigilia dell'invasione il numero degli armati era di appena 8'000 mentre l'armamento era prettamente italiano e disponeva di 23'000 fucili Carcano, 6'000 fucili austro-ungarici, 60 mitragliatrici FIAT e 18 Schwarzlose[16]. La disponibilità di munizioni era molto bassa e poteva permettere un massimo di 3 giorni di fuoco.

L'esercito albanese era suddiviso in tre armi; la Fanteria (in albanese Armët e Këmbsorisë) formata da sette battaglioni di fanteria, ognuno composto da tre compagnie di fanteria ed una di mitraglieri con una forza totale di circa 500 uomini.

L'Artiglieria (in albanese Armët e Artilerisë) disponeva di tredici batterie d'artiglieria da montagna, nove armate con cannoni da 65 mm Modello 1913[17] e quattro con obici Skoda da 75 mm[18] e di due batterie d'artiglieria da campagna[19], ognuna con quattro cannoni da 75/27 Modello 1906[20].

A queste vanno aggiunte la batteria costiera *Prandaj* a difesa di Durazzo, comandata dal Capitano Gjergj Mosko, formata da quattro cannoni da 75/27 e altre due batterie da montagna che operavano rispettivamente con la *Gendarmeria* e con la *Guardia Reale*. L'arma aveva anche un embrione di artiglieria contraerea che nell'aprile 1939 poteva contare solo su qualche mitragliatrice.

L'arma del Genio (in albanese Armët e Xhenios) era formata da tre battaglioni di zappatori e da qualche unità delle trasmissioni mentre per i trasporti l'esercito disponeva di un autoreparto con circa 500 tra autoveicoli, autocarri leggeri e pesanti.

Minima era la presenza di mezzi corazzati, tutti raggruppati in uno squadrone sito a Tirana che contava due carri armati FIAT 3000, sei carri armati CV 33, sei autoblindo Lancia 1ZM e due autoblindo Bianchi.

---

[16] A queste mitragliatrici vanno aggiunte 12 FIAT e 24 Schwarzlose assegnate alla *Gendarmeria*. Tratto da http://www.niehorster.org/042_albania/Albania.htm.

[17] Entrato in servizio come artiglieria da montagna nel *Regio Esercito* nel 1913 come Cannone da 65A [Acciaio]; negli anni '30 equipaggiò le batterie d'accompagnamento dei reggimenti di fanteria italiani, come Cannone da 65/17, rimanendo in servizio fino alla fine della Seconda Guerra Mondiale. Tratto da *Guida alle artiglierie italiane nella 2ª Guerra Mondiale*, op. cit. in bibliografia.

[18] Gli obici erano i 7,5 cm Skoda Gebirgskanone M.15, utilizzati dall'artiglieria da montagna austro-ungarica. Questi dopo la guerra entrarono in servizio anche nel *Regio Esercito* con Obici da 75/13 Modello 1915 rimanendo in servizio presso l'artiglieria alpina fino alla fine della Seconda Guerra Mondiale. Tratto da *Guida alle artiglierie italiane nella 2ª Guerra Mondiale*, op. cit. in bibliografia.

[19] Ufficialmente una era ippotrainata ed una autotrasportata. Tratto da *Le unità albanesi nella Seconda Guerra Mondiale*, op. cit. in bibliografia.

[20] Pezzo entrato in servizio nel *Regio Esercito* nel 1906 e che venne utilizzato anche nella Seconda Guerra Mondiale come cannone dei reggimenti d'artiglieria divisionale. Tratto da *Guida alle artiglierie italiane nella 2ª Guerra Mondiale*, op. cit. in bibliografia.

Tutte queste branche dell'esercito avevano la presenza di ufficiali italiani addetti all'addestramento e, molto probabilmente, questi inficiarono sullo spirito di resistenza dei soldati albanesi.

Nell'esercito era inclusa anche la *Gendarmeria* (in albanese Arma e Xhandarmërisë), unica branca senza influenze italiane ma addestrata da una missione britannica, che nell'aprile 1939 poteva contare su circa 3'800 effettivi suddivisi in sei battaglioni, ognuno equipaggiato con quattro mitragliatrici Schwarzlose ad eccezione del *Battaglione di Istruzione* di Burrel il quale aveva in organico 12 mitragliatrici FIAT ed una batteria d'artiglieria da montagna con quattro obici Skoda.

Vi era anche la *Guardia di Confine* (in albanese Roja Mbretnore e Kufinit) con una forza di circa 1'800 uomini suddivisi in 14 compagnie con compiti di polizia simile alla *Regia Guardia di Finanza* italiana.

Infine, la *Guardia Reale* (in albanese Garda Mbretërore) che era formata da 926 uomini suddivisi in cinque compagnie di fanteria, una batteria d'artiglieria da montagna (con 4 obici Skoda da 75 mm), uno squadrone di cavalleria ed una banda.

In caso di conflitto l'esercito albanese poteva disporre anche di riservisti volontari suddivisi in 10 battaglioni, per un totale di circa 8'000 uomini, che adempivano a compiti ausiliari o venivano integrati all'interno delle unità dell'esercito.

Le difese albanesi avevano l'obiettivo di resistere il più possibile in attesa di un eventuale intervento jugoslavo ed erano strutturate su quattro linee difensive - più di nome che di fatto - a difesa della capitale Tirana; le forze dell'esercito erano suddivise in quattro settori difensivi e nella guarnigione di Durazzo.

I quattro settori difensivi erano così composti:
- *I Settore*: Agli ordini del Tenente Colonnello Shaban Bega copriva il settore tra Milot e il fiume Shkumbin con i battaglioni di fanteria *Deja*, *Dajti* e *Korata*, due batterie d'artiglieria da montagna (con 4 cannoni italiani da 65 mm), una compagnia del genio zappatori e 100 riservisti;
- *II Settore*: copriva il settore tra Milot e Scutari ed era formato dai battaglioni di fanteria *Gramos* e *Tarabosh*, un battaglione della *Gendarmeria*, due batterie d'artiglieria da montagna (4 cannoni da 65 mm) e 500 riservisti al comando del Tenente Colonnello Kucuk Valagaj;
- *III Settore*: Agli ordini del Tenente Colonnello Faik Cuku presidiava la linea fiume Shkumbin fiume Vjose e disponeva dai battaglioni di fanteria *Tomori* e *Kaptina*, un battaglione della *Gendarmeria*, due batterie d'artiglieria da montagna (4 cannoni da 65 mm) e 800 coscritti;
- *IV Settore*: Comandato dal Tenente Colonnello Ali Riza Topalli presidiava la zona di Santi Quaranta con due battaglioni della *Guardia di Confine*, un battaglione della *Gendarmeria* ed 800 coscritti;
- *Guarnigione di Durazzo*: Al comando del Maggiore Abaz Kupi, formata da un battaglione della *Guardia di Confine*, un battaglione della Gendarmeria, una batteria d'artiglieria da montagna (2 obici Skoda da 75 mm), una batteria costiera (4 cannoni da 75/27 Modello 1906), un plotone di marinai e 800 coscritti.

▲ Ufficiali albanesi e truppa durante una rivista militare. Da notare la bandiera da guerra albanese.

La marina albanese era una piccolissima realtà agli ordini di un comandante italiano, il Capitano di Corvetta Taddei; contava poco più di 150 effettivi suddivisi tra quattro capitanerie di porto e una flottiglia che disponeva solo di quattro MAS tipo ELCO[21] consegnati all'Albania nel 1928.

I MAS della classe *Tirane* erano armati con un cannone da 76 mm e due mitragliatrici ed erano dislocati presso la base di Durazzo.

L'unica altra nave disponibile era lo yacht reale *Illirja*[22], regalato dall'Italia a re Zog nel 1938 come dono di nozze.

L'esercito albanese aveva a disposizione anche una minima forza aerea di cui però si sa veramente poco, alcune fonti affermano che negli anni '20 l'Albania ricevette cinque Albatros L.47, versione civile degli Albatros CXV[23]. Sia il News Chronicle, in un articolo dell'8 aprile 1939, che Il Time il 17 aprile dichiaravano il possesso albanese di soli due aerei ma non vi sono ulteriori dati per accertare la veridicità di queste o altre fonti.

▲ La batteria da 75/27 autotrasportata dell'esercito albanese. Gli autocarri sono dei FIAT 15ter.

---

21 I quattro MAS avevano nomi di città albanesi: *Durres, Saranda, Tirane* e *Vlore*. Tratto da https://naval-encyclopedia.com/ww2/minor-navies.php#al.

22 Fino al 1935 la marina albanese disponeva anche di due dragamine, *Skënderbeg* e *Shqiperi*, ex dragamine tedeschi della classe *FM* ricevuti nel 1925. Nel 1939 le due imbarcazioni non erano più attive. Tratto da https://www.lavocedelmarinaio.com.

23 Il registro civile tedesco segna cinque Albatros CXV/L47 con codice di registrazione D-140, D-185, D-186, D-300 e D-586 senza indicare il cliente. Forse vennero inviati all'Albania ma non abbiamo ulteriori informazioni. Tratto da http://www.airhistory.org.uk/gy/reg_D-1.html.

▲ Un'altra foto della batteria autocarrata da 75/27 durante una parata. Tutti i soldati sono equipaggiati di elmetto Adrian mentre l'armamento è formato da fucili Carcano 91 per T.S. [Truppe Speciali].

▼ Un reparto dell'esercito albanese, con in testa un ufficiale, durante una parata di fronte a re Zog. Dalla foto si può notare il chiaro richiamo alle uniformi ed equipaggiamenti italiani di ufficiali e truppa. Fonte: *Le unità albanesi nella Seconda guerra mondiale* - Luigi Manes.

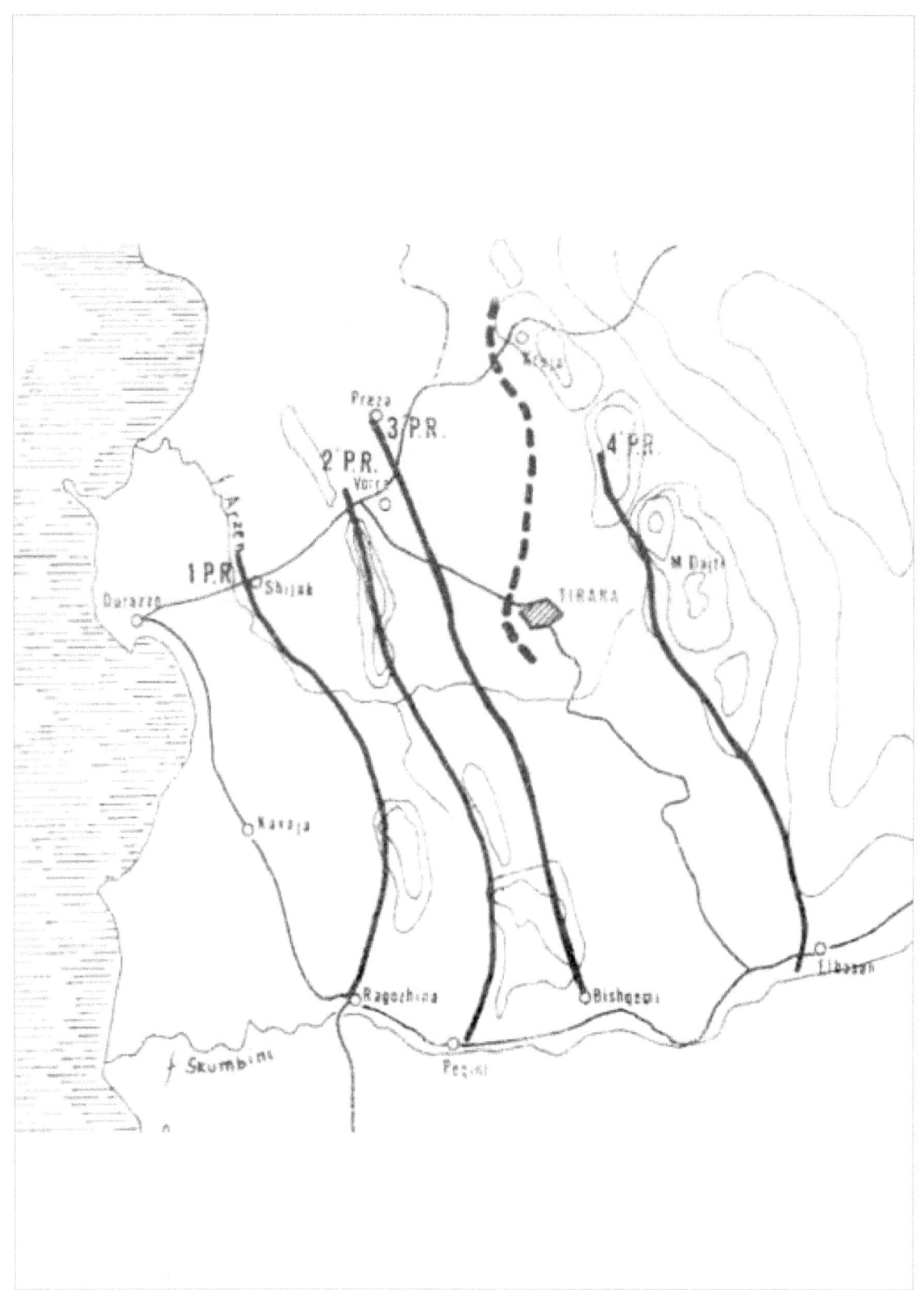

▲ Le quattro linee difensive albanesi a difesa della capitale Tirana. Fonte USSME.

▲ Due carri armati FIAT 3000 subito dopo la cattura da parte degli italiani a Tirana.

▲ Re Zog, accompagnato da alti ufficiali, ispeziona un Carcano 91 di un soldato albanese durante una rivista.

▼ Soldati albanesi a colloquio con alcuni civili albanesi, molto probabilmente durante l'occupazione italiana. Fonte: L'Illustrazione Italiana N°26.

▲ Un gruppo di gendarmi albanesi fotografati negli anni '30.

▼ I MAS *Saranda* e *Vlora* nel porto di Durazzo nel 1936.

LO SBARCO E L'OCCUPAZIONE DELL'ALBANIA

L'imbarco di uomini e mezzi iniziò il giorno 6 aprile presso i porti di Taranto e Brindisi e alle 11 dello stesso giorno erano partiti, a causa della lentezza di alcuni piroscafi, i convogli diretti a Valona e Santi Quaranta mentre quelli verso Durazzo e San Giovanni di Medua partirono alle ore 18:30. L'obiettivo era quello di sbarcare contemporaneamente in tutti i porti alle 4:30 del 7 aprile ma a causa di vari ritardi la presa a terra delle truppe italiane avvenne ben dopo l'ora stabilita.

- *Colonna Bernardi*

Una compagnia da sbarco[24] della *Regia Marina* sbarcò a Valona solo alle 6:30 e subito venne colpita dal fuoco di alcuni nuclei della *Gendarmeria* attestati nel porto albanese che vennero messi a tacere grazie all'intervento dei Bersaglieri e di un cacciatorpediniere italiano permettendo agli italiani di costituire una testa di ponte.
Subito dopo sbarcarono anche i due battaglioni Camicie Nere, i quali vennero bersagliati da alcune mitragliatrici site nel museo archeologico della città, poi rapidamente messe a tacere dall'intervento dei militi italiani.
Dopo l'occupazione di Valona le Camicie Nere rimasero di presidio nella città mentre i due battaglioni Bersaglieri iniziarono ad avanzare verso Fieri giungendo nel primo pomeriggio presso le alture di Bestrova, ad otto chilometri da Valona, dove si era attestato un battaglione albanese proveniente da Elbasan.
La relazione dal Generale Guzzoni dichiara che tale battaglione era denominato *Semani* ed era forte di 700 uomini e alcune artiglierie; in realtà non vi era nessun battaglione di fanteria albanese denominato con quel nome ma solo una batteria d'artiglieria da montagna, con due cannoni da 65 mm, probabilmente rinforzato dal battaglione della *Gendarmeria* di Elbasan, forte di 400 uomini e 4 mitragliatrici.
L'attacco italiano a queste posizioni venne supportato dal tiro delle artiglierie da 320 mm della corazzata *Conte di Cavour* e dopo tre ore gli albanesi furono sloggiati dalle loro postazioni al costo di tre feriti italiani.
Visto il giungere della sera l'avanzata italiana si arrestò e riprese il giorno 8 alle 5 mattutine; le unità italiane superarono le poche retroguardie albanesi e alle 18 occuparono Fieri. Il giorno 9, senza incontrare resistenza, i Bersaglieri entrarono a Berat dopo una marcia di 120 Km.

- *Colonna Carasi*

La colonna prese terra a Santi Quaranta e, dopo aver soppresso rapidamente la lieve resistenza della *Gendarmeria* al costo di un marinaio morto e due bersaglieri feriti, costituì una testa di ponte nella città costiera, lasciandovi a presidio due compagnie del *San Marco* ed inviando i Bersaglieri con il *III° Gruppo Squadroni 'San Giorgio'* verso Delvino.

---

[24] Le compagnie da sbarco della *Regia Marina* erano formate da marinai di una nave che venivano armati con fucili e fucili mitragliatori.

La città venne occupata il giorno stesso senza incontrare resistenza.
Il giorno dopo le truppe italiane avanzarono verso Argirocastro, occupandola il 9 aprile senza problemi ad eccezione del pessimo stato delle strade albanesi.

- *Colonna Messe*

Le prime navi del convoglio giunsero presso il porto di Durazzo alle 4:50 e trovarono la città completamente illuminata e alle 5 la torpediniera *Lupo*, seguita da altre due torpediniere, entrò nel porto di Durazzo trasportando alcuni marinai delle compagnie da sbarco.
Alle 5:25 Guzzoni ordinò di sbarcare ma la situazione non era delle migliori perché il piroscafo *Palatino*, che trasportava il *XXVII Battaglione Bersaglieri*, non era ancora giunto; il piroscafo *Toscana* non riusciva a penetrare nel porto a causa del fondale basso mentre la nave porta idrovolanti *Giuseppe Miraglia*, la quale trasportava i carri armati del *Raggruppamento D'Antoni*, non poteva attraccare perché il molo era stato occupato dal piroscafo *Aquitania* che avrebbe dovuto giungere dopo.
Nel mentre erano sbarcate le compagnie da sbarco che furono subito colpite da un nutrito fuoco proveniente dagli edifici limitrofi al porto e per supportare l'azione gli italiani dovettero fare sbarcare il *I Battaglione* del *47° Reggimento di Fanteria 'Ferrara'*.
Intanto il fuoco albanese non si arrestava ed encomiabile fu l'azione del sottufficiale di marina Mujo Ulqinaku il quale riunì un gruppo di marinai albanesi e con una mitragliatrice continuò a far fuoco sulle truppe italiane finché non venne ucciso da una granata sparata dalle torpediniere italiane che alle 6 iniziarono a sparare verso le posizioni albanesi.
Subito dopo il bombardamento sbarcò il *Gruppo Tattico 'Anderson'* e, insieme al *I Battaglione* del *'Ferrara'*, iniziò ad avanzare nell'abitato per mettere a tacere la resistenza delle truppe albanesi, composte perlopiù da gendarmi e supportate da due batterie d'artiglieria.
Verso le 9 la città di Durazzo era stata occupata dagli italiani ma la resistenza nemica continuò sulle alture circostanti e il generale Messe richiese il fuoco degli incrociatori per colpire la zona di Rasbul e Kavaja, dove era presente una batteria d'artiglieria, molto probabilmente la *Batteria Drin*, la quale tentava di colpire le navi italiane nel porto.
Alle 10 il generale Guzzoni scese a terra per discutere con alcuni parlamentari albanesi - il Ministro dell'Economia Rrock Gera, il Ministero degli Esteri Libohova ed il Tenente Colonnello Semik Koka - i quali proposero una collaborazione tra albanesi ed italiani chiedendo lo stanziamento di una divisione di fanteria italiana in Albania agli ordini di Re Zog e che Guzzoni interrompesse le operazioni italiane.
Il generale italiano, irritato, richiese i ritiro delle truppe albanesi ma non fu troppo aggressivo perché le unità italiane a Durazzo contavano appena un battaglione efficiente, mentre il resto delle truppe stavano ancora sbarcando e i carri armati non erano ancora giunti a terra; a questo si aggiungeva che il Colonnello Manlio Gabrielli, addetto militare italiano in Albania, comunicò la presenza di una forza di circa 4-5'000 albanesi agli ordini del re pronta ad attaccare il fianco destro italiano.
Queste forze erano immaginarie ma Guzzoni, pur essendo scettico, non lo poteva sapere e allora si accordò con i parlamentari di ripresentarsi alle 15 e, in caso contrario, l'avanzata italiana sarebbe ricominciata alle 16.

Guzzoni non voleva accettare l'accordo, soprattutto a causa della clausola che metteva alle dipendenze del re albanese unità italiane, e continuò a sbarcare truppe nel porto di Durazzo, compresi i carri armati CV 35 fatti sbarcare dalle ore 13.

Alle 15 non si presentò nessun parlamentare e cinque minuti prima delle 16 gli albanesi fecero saltare il ponte sul fiume Arzen; subito Guzzoni inviò a Shijak il *Reggimento Bersaglieri 'Sozzani'* ad occupare l'altro ponte sul fiume ma dovette bloccare ulteriori avanzate perché alcune unità italiane stavano ancora sbarcando.

Durante tutta la giornata gli italiani ebbero otto marinai e due fanti uccisi e 46 feriti tra marinai, fanti e Bersaglieri.

All'alba del giorno 8 l'avanzata italiana ricominciò e i Bersaglieri di Sozzani avanzarono verso Vorra, dove era presente un contingente albanese, ma vennero rallentati dalle azioni di alcuni nuclei nemici e alle 7:30 la colonna italiana era andata avanti di pochi chilometri mentre Vorra fu bombardata dalla *Regia Aeronautica*.

Un altro problema colpì la *Colonna Messe*; nella notte era stati sbarcati fusti di gasolio invece che di benzina e questo costrinse i carri armati e gli autocarri italiani a rimanere stanziati a Durazzo rallentando ancora di più l'avanzata italiana.

A causa di questo errore Messe e Guzzoni ordinarono ai Bersaglieri di avanzare lo stesso, non curandosi del fuoco nemico, e solo alle 8:30 questi ricevettero il supporto di un battaglione di carri armati e di una compagnia motociclisti. Questa colonna motorizzata ebbe ordine da Messe di avanzare velocemente su Tirana e subito vennero attaccate le posizioni della *Gendarmeria* site tra Vorra e Kashari. I reparti motorizzati italiani, supportati dal *XXVII Battaglione Bersaglieri* e da una compagnia motociclisti proveniente da Nord, sorpresero i gendarmi albanesi che si arresero senza combattere e alle 9:30 gli italiani entrarono in Tirana mentre alle ore 10 iniziarono a sbarcare all'aeroporto della città i due battaglioni Granatieri aviotrasportati.

Subito dopo l'entrata in città venne ordinato al Colonnello D'Antoni di avanzare verso Elbasan con una colonna composta dal *X Battaglione Carri* e dal *XIV e XVII Battaglione Bersaglieri*; la colonna partì dalla capitale albanese alle 16 e alle 18:30 raggiunse Qafa e Krrabes dove catturò senza combattere le truppe albanesi[25] al comando del nipote di re Zog, principe Hjssein Dolshisti, raggiungendo Elbasan alle 20:30.

Gli obiettivi della *Colonna Messe* erano stati raggiunti ed il giorno 9 le truppe italiane consolidarono le posizioni raggiunte.

- *Colonna Scattini*

Alle 5:30 iniziò a sbarcare a San Giovanni di Medua una compagnia del *San Marco* che venne subito bersagliata dal tiro di alcune mitragliatrici, subito messe a tacere dai cannoni di due cacciatorpedinieri, e l'abitato venne occupato in mezz'ora.

Subito dopo sbarcò il reggimento di Bersaglieri permettendo al Colonnello Scattini di inviare il *XXVIII Battaglione Bersaglieri* verso Alessio (in albanese <u>Lezhe</u>); subito fuori San Giovanni di Medua il battaglione incontrò una dura resistenza, stimata dalle relazioni ita-

---

25 I documenti italiani dichiarano della cattura di due batterie d'artiglieria someggiate, molte armi individuali, molte munizioni e materiali del Genio. Tratto da *Relazione sull'azione militare in Albania nei giorni 7,8 e 9 aprile 1939* in *Diario Storico del Comando Supremo Volume I Tomo 2*, op. cit. in bibliografia.

liane in 150 uomini, che costrinse l'unità a fermarsi. Gli italiani ripresero l'attacco, ricacciando gli albanesi oltre il fiume Drin, ed occupando Alessio alle 14:30.

Subito dopo l'occupazione della città il *III e VI Battaglione Bersaglieri* partirono da San Giovanni di Medua con obiettivo Scutari; la colonna avanzò lentamente a causa del pessimo stato delle strade ma venne bloccata dalla resistenza albanese a Bushat, portata avanti da elementi della *Gendarmeria* (a Scutari contava un battaglione con 400 uomini e 4 mitragliatrici) e da elementi misti del *II Settore* albanese.

Il giorno dopo all'alba il *III e VI Battaglione Bersaglieri* superarono le resistenze e ricominciarono ad avanzare verso Scutari ma vennero bloccati da una forte resistenza presso Drinassa che era supportata dai cannoni da 65 mm delle due batterie d'artiglieria da montagna del *II Settore*. La resistenza albanese era accanita ed un attacco italiano venne respinto, con la morte del Tenente Riccardo Bombig[26] del *III Battaglione*; solo alle 13:30 giunse presso le truppe italiane il Console italiano a Scutari che annunciò la resa della città ed il ritiro delle forze albanesi. A sud una compagnia del *XXVIII Battaglione Bersaglieri* venne inviato a Vorra in supporto alla *Colonna Messe* seguendola poi fino a Tirana dove rimase fino alla fine delle operazioni.

LE AZIONI DELLA REGIA AERONAUTICA

L'impiego della *Squadra 'A'* durante l'occupazione dell'Albania fu molto limitato; il 7 aprile vi furono alcune ricognizioni da parte di aerei del *35° Stormo Bombardamento Marittimo* e del *36° Stormo Bombardamento Terrestre* mente l'unica azione di bombardamento venne effettuato l'8 aprile da alcuni S.M. 79 del *108° Gruppo Bombardamento Terrestre* contro l'abitato di Vorra, dove era stata segnalata resistenza nemica.

Il giorno 9 vennero effettuate alcune ricognizioni da parte degli S.M. 79 del *12° Stormo Bombardamento Terrestre* mentre il giorno successivo gran parte della *Squadra 'A'* raggiunse l'Albania e nel solo aeroporto di Tirana vi erano 80 aerei che crearono problemi logistici anche a causa della mancanza di carburante avio.

Le azioni della caccia italiana si limitarono alla scorta dei bombardieri e degli aerei pilotati dai vari generali della *Regia Aeronautica*.

Proprio riguardo loro vi furono una serie di azioni individuali più propagandistiche che militari; il giorno 7 e 8 il Generale Giuseppe Valle effettuò due missioni di ricognizione, una tra San Giovanni di Medua e Scutari e l'altra verso Durazzo, su un Savoia Marchetti S.M. 79 affermando di non aver notato grossi movimenti di unità nemiche.

L'8 aprile giunsero all'aeroporto di Tirana un S.M. 79, pilotato dal Generale Ferruccio Ranza, l'altro Savoia-Marchetti del Generale Valle e alle 10 gli S.M. 81 che trasportavano i due battaglioni del *3° Reggimento 'Granatieri di Sardegna'*.

---

26 Venne decorato con Medaglia d'Oro al Valor Militare con la seguente motivazione: *Comandante di compagnia avanzata, già distintosi nella precedente operazione di sbarco, con eccezionale calma e sereno sprezzo del pericolo, manteneva saldi al loro posto i suoi bersaglieri battuti da violento fuoco. Per tentare al più presto il passaggio di un ponte, minato ed in parte interrotto, vi si lanciava arditamente, alla testa di pochi animosi. Nell'eroico tentativo veniva colpito a morte da una raffica di mitragliatrice: mirabile esempio di alto sentimento del dovere e di valore personale.* Tratto da http://decoratialvalormilitare.istitutonastroazzurro.org/#.

Il giorno 10 il Generale Francesco Pricolo atterrò con un S.M. 79 sull'aeroporto di Coriza (in albanese Korca) ricevendo la resa del presidio albanese.

Alla fine, il principale compito della *Regia Aeronautica* durante le operazioni in Albania fu quello di lanciare volantini alla popolazione civile invitando alla calma e alla collaborazione con gli italiani.

Il 15 aprile venne sciolta la *Squadra 'A'*, rinominandola *Divisione Mista 'Albania'* e mettendola al comando del Generale Vincenzo Velardi; nei giorni successivi vennero sciolte alcune unità che parteciparono all'azione e furono restituiti gli aerei civili alle rispettive società aeree.

▲ La torpediniera *Libra* nel porto di Durazzo.

▲ Carro Veloce del *Raggruppamento Carri d'Assalto D'Antoni* mentre viene sbarcato nel porto di Durazzo dalla nave porta idrovolanti *Giuseppe Miraglia*.

▼ Carri Veloci imbarcati nel porto di Brindisi per essere inviati in Albania. Fonte: per gentile concessione di Paolo Crippa.

▲ Alcuni dei Carri Veloci appena sbarcati dalla Giuseppe Miraglia.

▼ Un CV 35 del *Raggruppamento Carri d'Assalto D'Antoni* mentre sbarca nel porto di Durazzo dalla nave porta idrovolanti *Giuseppe Miraglia*. Fonte Benvenuti – Colonna.

▲ Un Carro Veloce intendo a scendere dalla porta idrovolanti *Giuseppe Miraglia* il 7 aprile. Fonte: per gentile concessione di Paolo Crippa.

▼ Soldati italiani in attesa di sbarcare a Durazzo. Da notare la grande eterogeneità degli elmetti che sono sia del modello M33 che i vecchi M15 ed M16.

▲ Autocarri italiani entrano nella città di Tirana, già occupata in precedenza dai militari italici.

▼ Reparti italiani, appoggiati dai Carri Veloci, entrano a Durazzo senza incontrare troppa resistenza. Fonte Benvenuti – Colonna.

▲ Un marinaio italiano delle compagnie da sbarco scorta due civili albanesi (molto probabilmente volontari dell'esercito albanese) mentre è di passaggio una colonna di Bersaglieri ciclisti.

▼ Bellissima foto di una torpediniera italiana nel porto di Durazzo mentre sullo sfondo passa una colonna di Bersaglieri ciclisti.

▲ Fotografia di propaganda che mostra i Granatieri del *Reggimento di Formazione 'Mannerini'*, appena giunti all'aeroporto di Tirana, salutati festosamente dalla popolazione civile. Sullo sfondo si possono vedere due Savoia-Marchetti S.M. 81.

▼ Granatieri pronti a partire dall'aeroporto di Tirana con un Breda Ba.44 di *Ala Littoria* verso un'altra città albanese.

▲ Una colonna di Carri Veloci di passaggio a Tirana.

▼ Due Carri Veloci passano davanti alla sede del Banco di Napoli di Durazzo accompagnati da alcuni soldati italiani. Fonte Benvenuti – Colonna.

▲ Carri Veloci attraversano per primi la città di Tirana durante l'occupazione della capitale albanese. Fonte Benvenuti – Colonna.

▲ Una colonna di Carri Veloci attraversa un piccolo villaggio albanese nell'indifferenza della popolazione civile. Fonte Paolo Crippa.

▲ Autocarretta OM mentre viene sbarcata in un porto albanese.

▲ Granatieri del *Reggimento di Formazione 'Mannerini'* intenti a dialogare con la popolazione civile albanese. Fonte: Niccolò Lucarelli - Italiani in Albania 1939 1945 - Delta Editrice.

▼ Numero del Corriere della Sera dell'8 aprile 1939 che annuncia l'entrata delle truppe italiane a Tirana.

CORRIERE DELLA SERA

PER LA DIFESA DELLA PACE E DEGLI INTERESSI ITALIANI NELL'ADRIATICO

Le nostre truppe entrate a Tirana
La capitale albanese occupata stamane alle 9.30

La ignominiosa fuga di Zog e del suo Governo - La Legazione d'Italia saldo fortilizio in mezzo alla furia brigantesca

La Spagna firma il Patto anticomintern

▲ Carri Veloci del *Raggruppamento Carri d'Assalto D'Antoni* attraversano la città di Tirana osservati dalla popolazione albanese. Fonte Benvenuti – Colonna.

L'ARRIVO DEGLI ALTRI SCAGLIONI E DI NUOVE DIVISIONI

Nei giorni successivi all'occupazione giunsero sia il *II* che il *III Scaglione* e tra queste unità vi era il *Reggimento Provvisorio di Cavalleria*, al comando del Colonnello Raffaele Pelligra, composto dal *I Gruppo Squadroni* del *Reggimento 'Lancieri di Aosta'*, dal *II Gruppo Squadroni* del *Reggimento 'Genova Cavalleria'*, da un plotone mitraglieri del *Reggimento 'Genova Cavalleria'* e dal Comando.
Il *Reggimento Provvisorio di Cavalleria* sbarcò a Durazzo come parte del *II Scaglione* il 14 aprile e si schierò nei pressi di Devoli e Fieri prima di essere diviso in due colonne con l'obiettivo di raggiungere Peshkopi.
Il *I Gruppo Squadroni* passò per Tirana, Alessio e Scutari, e infine arrivò a Peshkopi.
Il *II Gruppo Squadroni*, inizialmente scese verso il sud dell'Albania, raggiungendo Berat e Permet, per poi dirigersi a nord, costeggiando il confine con la Grecia e la Jugoslavia, e infine arrivando a Peshkopi.
Da subito vennero inviate nuove unità a presidio del territorio appena occupato, il 15 aprile partì da Bari la *3ª Divisione Alpina 'Julia'* e venne stanziata a Scutari, il 18 da Brindisi la *7ª Divisione di Fanteria 'Lupi di Toscana'* che prese posizione tra Korca e Pogradec mentre il 25 sbarcò a Durazzo la *19ª. Divisione di Fanteria 'Venezia'* destinata a presidiare la zona tra Elbasan e Pogradec. La *23ª Divisione di Fanteria 'Murge'*, giunta al completo con il *III Scaglione*, venne stanziata tra Santi Quaranta, Premeti e Argirocastro.

▲ Un plotone di Carri Veloci del *31° Reggimento Fanteria Carrista* durante la parata di Durazzo del 24 aprile 1939. Fonte Benvenuti – Colonna.

▼ Una colonna di Carri Veloci e Bersaglieri motociclisti del *2° Reggimento Bersaglieri* sfila il 24 aprile 1939 a Durazzo. Fonte Benvenuti – Colonna.

▲ Caporal Maggiore della *19ª Divisione di Fanteria 'Venezia'* fotografato in Albania nel settembre 1940. Da notare il Leone di San Marco al petto, distintivo portato dai membri della divisione. Collezione dell'autore.

▲ Carri armati e militari del *31° Reggimento Fanteria Carrista* schierati in Piazza Scanderbeg durante la visita di Emilio De Bono nella primavera del 1940. Fonte: Archivio Ratti.

▼ Carri L, seguiti da alcuni Bersaglieri su una Guzzi Trialce, avanzano in territorio greco i primi giorni di guerra contro il Regno di Grecia. Fonte Nino Arena.

▲ Ufficiali del *III° Battaglione Carri L* in Albania. Fonte: Archivio Ratti.

▼ Un Carro L e alcuni carristi in sosta durante l'avanzata verso Giannina. Fonte: *Nei giardini del Diavolo* – D. Campini – Longanesi 1969.

▲ Tre carristi italiani della *6ª Compagnia* del *III Battaglione Carri L* durante la manutenzione di un Carro L3/35. Fonte: Archivio Ratti.

▼ Un Carro L3/35 distrutto dal fuoco greco nella valle del Vojussa. L'impiego dei mezzi corazzati italiani sul fronte greco-albanese fu molto fallimentare. Fonte: *Il ponte di Klisura. I carristi italiani in Albania 1940-1941* – R. Panetta – Mursia 1975.

▲ Carristi del *III Battaglione Carri L* davanti ad un L3/35. Il soldato al centro indossa ancora una giubba modello 1937 con bavero azzurro - introdotto nel 1936 per i reparti motorizzati e carristi - con le fiamme rosse a due punte dei carristi. Fonte: Archivio Ratti.

▼ Carri L lanciafiamme del *III° Battaglione Carri L* in Albania nel 1942. Da notare la scritta 'LF' [Lanciafiamme] posto sul serbatoio del liquido infiammabile.

▲ Carro armato L3/33 del *31° Reggimento Fanteria Carrista* in Albania. Fonte: Archivio Ratti.

▲ Soldati greci nell'inverno 1940-41 con un mortaio Brixia da 45 mm catturato agli italiani.

▼ Artiglieri greci con un cannone Schneider da 85 mm durante la guerra italo-greca.

▲ Anche i nuovi Carri Armati M13/40 ebbero poco successo durante la campagna. In questo caso il carro armato del Sottotenente Galli del *IV Battaglione Carri M* venne distrutto dall'artiglieria greca il 19 marzo 1941 alle pendici di Quota 731. Fonte: *Il ponte di Klisura. I carristi italiani in Albania 1940-1941* – R. Panetta – Mursia 1975.

▼ Il Carro Armato M13/40 del Tenente Passalacqua colpito dall'artiglieria greca il 13 gennaio 1941 presso Klisura. Fonte: *Il ponte di Klisura. I carristi italiani in Albania 1940-1941* – R. Panetta – Mursia 1975.

▲ Soldati e ufficiali greci posano con un Carro Armato M13/40 appena catturato.

▼ Non soltanto Carri L3 e Carri Armati M13/40 erano presenti in Albania. Vi erano pure alcuni vetusti FIAT 3000 della *1ª Compagnia Carrista di Frontiera* - assegnata alla Guardia alla Frontiera - che dal Giugno 1942 entrò a far parte del *III° Battaglione Carri L*.

▲ Carri L, con i relativi equipaggi, in attesa della rivista di Vittorio Emanuele III nel maggio 1941.

▼ Bersaglieri motociclisti durante la parata a Durazzo del 24 aprile 1939.

▲ Tre Bersaglieri osservano le locandine pubblicitarie del film 'Scarpe Grosse' presso il cinema di Durazzo nel 1940.

▲ Una grande bandiera del Regno d'Italia appesa in una via di Tirana il 16 aprile 1939. Fonte: Niccolò Lucarelli - Italiani in Albania 1939 1945 - Delta Editrice.

▼ Trattori d'artiglieria Pavesi P4/100 durante la parata a Durazzo del 24 aprile 1939.

▲ Ufficiali italiani di fronte ad un posto ristoro per feriti gestito dal Partito Fascista Albanese durante il conflitto con la Grecia. Fonte ACS.

▼ Mitragliere e servente della *15ª Legione Camicie Nere d'Assalto 'Leonessa'* impiegati in Albania nel 1941. Fonte ACS.

▲ Foto goliardica di un gruppo di Alpini della *3ª Divisione Alpina 'Julia'* sul fronte greco-albanese. Fonte: Lombardia Beni Culturali.

▼ Un reparto del *6° Reggimento 'Lancieri d'Aosta'* intento a superare il fiume Kalamas nei primi giorni di guerra contro la Grecia.

▲ Muli di un reparto salmerie italiano sul fronte greco-albanese. L'assenza di grande strade e il terreno prettamente montuoso obbligarono sia italiani che greci ad utilizzare questi animali per rifornire i propri soldati.

▼ Famosa foto di un mitragliere e due fanti della *49ª Divisione di Fanteria 'Parma'* impiegati sui monti albanesi nell'Inverno 1940/41.

▲ Soldati greci intenti a trasportare un'arma pesante.

▼ Bersaglieri e Carri L durante un attacco simulato per la propaganda.

▲ Ufficiali e soldati italiani posano davanti ad un FIAT 626NLM [Nafta Lungo Militare] in Albania.

▼ Due finanzieri ed un Carabiniere di guardia in una postazione sul fronte greco-albanese. Fonte: ACS.

▲ Soldati greci mentre riutilizzano alcuni Carri L catturati agli italiani. Questi mezzi confluirono nella 19ª Divisione Motorizzata vedendo raro impiego al fronte.

▼ Autocarro del *Reparto Munizioni e Viveri* [R.M.V.] del *21° Reggimento d'Artiglieria 'Trieste'*, appartenente alla *101ª Divisione Motorizzata 'Trieste'*, inviato sul fronte greco-albanese tra il 1940 e 1941. Fonte USSME.

▲ Postazione per mortaio da 81 dell'11ª Divisione di Fanteria 'Brennero' su un monte albanese nel 1941. Fonte USSME.

LE PERDITE

Le perdite italiane, secondo l'Allegato numero 6 della *Relazione sull'azione militare in Albania nei giorni 7,8 e 9 aprile 1939* redatta dal Generale Guzzoni nel maggio 1939, ammontavano a:
- Ufficiali: un caduto e 18 feriti;
- Sottufficiali: un caduto e 8 feriti;
- Truppa: 10 caduti e 64 feriti.

Viene attestato che la maggior parte dei caduti facessero parte della *Regia Marina*.
Nel libro Albania at War 1939-1945, di Bernd Fischer, invece si afferma che gli italiani ebbero almeno 700 perdite, di cui solo 200 a Durazzo.
Le perdite albanesi sono sconosciute, Fischer le stima come superiori a quelle italiane, quindi sopra i 700 uomini, ma non vi sono dati certi.

CONSIDERAZIONI SULLE OPERAZIONI ITALIANE

E'indubbio che l'operazione venne organizzata male ed ebbe grossi problemi, soprattutto dal punto di vista logistico; lo stesso Capo di Gabinetto del Ministro degli Esteri, Filippo Anfuso, dichiarò a Ciano che "[...]se gli albanesi avessero disposto di una brigata di fuoco ben equipaggiata, potevano rigettarci nell'Adriatico[...]".
I problemi vennero però anche sottolineati dalla già citata Relazione *sull'azione militare in Albania nei giorni 7,8 e 9 aprile 1939* redatta dal Generale Guzzoni nel maggio 1939 e dalla *Relazione sull'ispezione compiuta in Albania tra il 19 e il 26 giugno 1939* scritta il 29 giugno 1939 dal Capo di Stato Maggiore Generale Pietro Badoglio.
In entrambe vengono sottolineati moltissimi problemi come il gran numero di soldati richiamati i quali non sapevano usare le nuove armi o, ancora peggio, un elevato numero di Bersaglieri ciclisti, soprattutto delle classi 1901-1904, i quali non sapevano utilizzare le biciclette e le motociclette.
Situazione ancora peggiore fu quella dei collegamenti radio, i quali ebbero grossi problemi causati soprattutto dalla scarsa capacità di utilizzo delle radio ricetrasmittenti da parte di soldati non addestrati. Tutto questo era causato da una mancanza di addestramento a tutti i livelli e lo stesso Badoglio affermò nella sua relazione che per amalgamare le truppe poi ci vollero ben due mesi di addestramento.
Guzzoni ebbe anche dure critiche per l'azione di aviosbarco dei due battaglioni Granatieri a Tirana effettuato con molta lentezza tant'è che furono necessarie 2 ore e 55 minuti, dalle 10.05 alle 13, per sbarcare dagli aerei tutti e due i battaglioni, con una media di 1 ora e 25 minuti a battaglione. Entrambi descrissero il terribile errore dello sbarco di fusti di gasolio, al posto di fusti di benzina, nel porto di Durazzo nella notte del 7 aprile mentre Badoglio ebbe parole dure anche nei confronti degli ufficiali, per metà di complemento.

▲ Militi della Milizia Fascista Albanese durante una parata.

▼ Due militi in addestramento con una mitragliatrice FIAT-Revelli 1914/35. La milizia fascista albanese vide l'impiego bellico contro la Grecia e in Kosovo. Fonte: *Le unità albanesi nella Seconda guerra mondiale* - Luigi Manes.

L'UNIONE DELL'ALBANIA AL REGNO D'ITALIA E L'INCLUSIONE DELLE FORZE ARMATE ALBANESI IN QUELLE ITALIANE

Il 12 aprile 1939 il Comitato Amministrativo Provvisorio, creato il 7 aprile dopo la fuga di re Zog, convocò un'Assemblea che approvò l'unione tra il Regno d'Albania e il Regno d'Italia nominando come Primo Ministro albanese Shefqet Verlaci mentre il 16 aprile re Vittorio Emanuele III venne nominato Re d'Albania.

Le forze armate albanesi vennero quindi fuse con quelle italiane mentre completamente nuova fu l'avvento delle istituzioni fasciste albanesi.

IL PARTITO FASCITA ALBANESE E LA MILIZIA FASCISTA ALBANESE

La fascistizzazione del paese ebbe inizio con la nascita del *Partito Fascista Albanese* (in albanese Partia Fashiste e Shqipërisë) mentre in settembre nacque la *Milizia Fascista Albanese*, sulla base della *Milizia Volontaria per la Sicurezza Nazionale* italiana, suddivisa in quattro *Legioni* - la 1ª con sede a Tirana, la 2ª a Corcia, la 3ª a Valona e la 4ª a Scutari- e in 10 *Coorti*. Vennero costituite anche due milizie speciali, la *Milizia Fascista Forestale* che poteva contare su una *Legione - 12ª Legione -* e la *Milizia Albanese della Strada* (in albanese Milicija Shqiptare e Rruges), creata nel gennaio 1940.

Nel settembre 1940 venne costituita la *1ª Legione Camicie Nere d'Assalto 'Skanderbeg'* la quale, con un plotone del *II Battaglione*, partecipò alla prima azione bellica della campagna di Grecia con la conquista del ponte di Perati e delle colline circostanti alle 5:30 del 28 ottobre 1940.

La *1ª Legione* però non combatté bene e venne ritirata dal fronte già a novembre 1940 e poi definitivamente sciolta il 30 maggio 1941.

Proprio da metà del 1941 le unità di Camicie Nere albanesi vennero utilizzate per contrastare i partigiani albanesi oltre ad occupare alcune zone del Kosovo, entrate a far parte dell'Albania dal 1941.

Qui le unità di Camicie Nere albanesi operarono con estrema ferocia contro la popolazione serba del Kosovo commettendo atroci crimini.

UNITÀ ALBANESI DEL *REGIO ESERCITO*

Per quanto riguarda le forze armate albanesi queste vennero unite a quelle italiane il 13 luglio 1939 e dall'autunno dello stesso anno furono costituiti battaglioni di fanteria albanesi e batterie assegnate ai reggimenti di fanteria ed artiglieria italiani.

Nel novembre 1939 erano presenti sei battaglioni di fanteria, che mantennero i nomi già utilizzati nell'esercito albanese, forti di tre compagnie fucilieri ed una compagnia armi d'accompagnamento; alla *23ª Divisione di Fanteria 'Ferrara'* vennero assegnati i battaglioni

Gramos e *Dajti*, alla *7ª Divisione di Fanteria 'Lupi di Toscana'* il *Korata* e *Kaptina* mentre i battaglioni *Tomori* e *Tarabosh* erano alle dipendenze rispettivamente dell'*83° Reggimento di Fanteria 'Venezia'* e del *3° Reggimento Granatieri*.

L'organico di questi battaglioni venne però modificato poco dopo rendendolo identico a quello dei battaglioni di fanteria italiani, composti da tre compagnie fucilieri ed una compagnia mitraglieri, mentre i battaglioni *Korata* e *Kaptina* furono trasferiti alla *53ª Divisione di Fanteria 'Arezzo'* e il *Battaglione Tarabosh* all'*84° Reggimento di Fanteria 'Venezia'*.

Le batterie, nel numero di quattro, erano tutte equipaggiate con quattro obici da 75/13 e mantennero i nomi delle batterie albanesi venendo assegnati ad un reggimento d'artiglieria alpina - *Batteria Mathi* - e a tre reggimenti d'artiglieria divisionale - batterie *Vijosa*, *Seman* e *Drin*.

Nel settembre 1939 vennero costituiti sei *Battaglioni Volontari Regionali Albanesi*, reclutati nel sud del paese; i battaglioni, comandati da un ufficiale albanese, erano assegnati alle divisioni italiane e i loro membri non vestivano l'uniforme ma erano muniti di una fascia da braccio ed armati di Fucile 91.

La loro costituzione fu però un fallimento visto che su circa 2'000 volontari previsti se ne presentarono appena 1'000 e i loro organici erano molto sottodimensionati, con alcune unità che non arrivavano nemmeno a 100 uomini.

Con lo scoppio della Seconda Guerra Mondiale le unità albanesi videro aumentare i loro effettivi grazie alla chiamata alle armi di vari uomini grazie alla costituzione di cinque distretti militari - 131° Tirana, 132° Scutari, 134° Durazzo, 137° Berat e 139° Korcia - nel maggio 1940.

Con l'entrata in guerra del Regno d'Italia nel giugno 1940 vennero richiamati alle armi a luglio 1'500 uomini della classe 1917 con cui si completarono gli organici dei sei battaglioni di fanteria e si costituirono due battaglioni mitraglieri contro-aerei, formati da 4-5 compagnie ognuno, per la difesa delle città albanesi.

Il 28 ottobre 1940, giorno dell'attacco italiano alla Grecia, erano in linea con la *23ª Divisione di Fanteria 'Ferrara'* i battaglioni *Gramos* e *Dajti*, con circa 800 uomini ognuno, e la *Batteria Drin* mentre con le altre divisioni vi erano i sei *Battaglioni Volontari Regionali*.

I restanti battaglioni di fanteria vennero inviati frettolosamente alle divisioni loro assegnate. Le prestazioni di questi battaglioni, compresi quelli volontari, furono molto deludenti, con molte diserzioni ed unità che si sbandavano al minimo attacco greco[27], tant'è che già ai primi di novembre vennero ritirati dal fronte.

I battaglioni di fanteria e le batterie, ad eccezione della *Drin* che aveva combattuto bene, vennero raccolti a Shijak e riuniti nel *Gruppo Battaglioni Albanesi 'Skanderbeg'*; alcuni battaglioni vennero utilizzati per presidiare il confine con il Montenegro dopo la rivolta del luglio 1941.

Nell'autunno 1941 venne costituito il *1° Reggimento di Fanteria Albanese*, formato dai battaglioni *Gramos* e *Korat* e dalla *Batteria Vijosa*, seguito nel gennaio 1942 dal 2°- battaglioni *Tarabosh* e *Dajti* e *Batteria Mathi*- e dal 3° - battaglioni *Kaptina* e *Tomori* e *Batteria Drin* -.

---

[27] Dopo il ritiro dal fronte i battaglioni *Dajti* e *Gramos* avevano un organico di appena 450 uomini ognuno. Le perdite ammontarono a circa 400 uomini a battaglione, perlopiù disertori o prigionieri. Tratto da *Gli albanesi nelle forze armate italiane*, op. cit in bibliografia.

Questi tre reggimenti a marzo cambiarono nome in *Reggimenti 'Cacciatori d'Albania'* i quali operarono alle dipendenze delle divisioni italiane con compiti di occupazione.

Nel febbraio 1943 venne disposta la costituzione della *1ª Brigata 'Cacciatori d'Albania'*, formata dal *1° Reggimento* e dall'ancora inesistente *4°*; la quale però non vide mai la luce.

Con il susseguirsi di sconfitte per le forze dell'Asse la situazione con le forze albanesi peggiorò sempre di più e nel maggio 1943 erano ancora nel *Regio Esercito* 418 ufficiali, 660 sottufficiali e 6'204 soldati di truppa ma il colpo di grazia giunse con la caduta del Fascismo il 25 luglio, portando ad un'esplosione di diserzioni[28].

Il 4 agosto vennero sciolti il *2°* e *3° Reggimento 'Cacciatori d'Albania'* e il resto delle unità albanesi venne colpito dell'Armistizio l'8 settembre, sciogliendosi; i loro membri passarono o tra le file dei partigiani o collaborarono con le forze tedesche.

GENDARMERIA E CARABINIERI REALI

La *Gendarmeria* venne inglobata all'*Arma dei Carabinieri Reali*, parte del *Regio Esercito*, il 13 luglio e il mese successivo venne costituito il *Comando Superiore dei Carabinieri Reali d'Albania* formato da due *Legioni* - Tirana e Valona - per un totale di 31 *Compagnie* e 42 *Tenenze*.

La maggior parte del personale era composto da albanesi, che formavano i due terzi dell'Arma in Albania; da subito operarono per contrastare i criminali e per il recupero di armi e munizioni.

Con l'entrata in guerra i Carabinieri agirono in vari ambiti, alcune unità combatterono al fronte assegnati alle divisioni italiane e si batterono bene, come il *Battaglione Mobile Carabinieri d'Albania*, il quale difese Korcia, mentre altre unità operarono in contrasto ai disertori e ai latitanti, con ottimi risultati.

Ma non tutto quello che è oro luccica e la piaga delle diserzioni colpì pure i Carabinieri albanesi; dal 1942, a causa dei ripetuti attacchi partigiani alle caserme, le forze italiane vennero costrette all'abbandono delle stazioni periferiche, cosa che venne vista con sospetto dai Carabinieri albanesi, i quali iniziarono a disertare.

A gennaio del 1942 venne ricostituita la *Gendarmeria*, formata solo da albanesi, la quale raccolse in sé tutti i carabinieri albanesi dando un duro corpo all'*Arma dei Carabinieri Reali*; nel marzo 1943 vennero sciolte le due Legioni, ormai formate solo da italiani, e i carabinieri destinati solo a compiti di polizia militare mentre tutti gli altri incarichi furono passati alla *Gendarmeria*.

Con l'occupazione di Jugoslavia e Grecia alcune unità di Carabinieri albanesi operarono in contrasto ai partigiani locali.

GUARDIA DI CONFINE E REGIA GUARDIA DI FINANZA

La *Guardia di Confine* venne inglobata il 13 luglio 1939 alla *Regia Guardia di Finanza* che in Albania venne inizialmente strutturata su 47 *Tenenze* e 143 *Brigate*.

---

28 Del *2° Reggimento 'Cacciatori d'Albania'*, tra il 30 e 31 luglio, disertarono 581 uomini mentre del *3°* 400 uomini. Tratto da *Gli albanesi nelle forze armate italiane,* op. cit in bibliografia.

Anche in questo caso la maggior parte del personale era formato da albanesi e con lo scoppio della guerra vennero costituiti tre battaglioni anche grazie al richiamo di 1'000 uomini della classe 1916-17 che avevano già prestato servizio nella *Guardia di Confine*.

All'inizio del conflitto con la Grecia alcune unità di finanzieri combatterono lungo il confine e gli elementi albanesi inizialmente si batterono bene ma con i rovesci italiani e la penetrazione greca in territorio albanese il clima mutò.

Iniziarono le diserzioni e a dicembre i tre battaglioni vennero sciolti lasciando un solo battaglione composto interamente da italiani mentre con gli albanesi vennero costituiti due distaccamenti.

Nel 1942 la *Regia Guardia di Finanza* ebbe un nuovo organico in Albania, costituendosi in due *Legioni* che ovviamente avevano in organico elementi albanesi, i quali fino alla fine dell'anno non diedero grossi problemi.

Dagli inizi del 1943 aumentano a dismisura le diserzioni, causate soprattutto dagli attacchi partigiani; all'Armistizio i finanzieri albanesi rimasti passarono alle dipendenze dei tedeschi.

GUARDIA REALE ALBANESE

La *Guardia Reale Albanese* già il 16 aprile venne inserita nel *Regio Esercito* come battaglione e fu trasferita a Roma presso la sede del *2° Reggimento Granatieri* nella Caserma 'Principe di Piemonte'.

I membri della *Guardia Reale Albanese* prestarono giuramento il 29 aprile e a maggio Pariani optò per la costituzione di un intero reggimento, cosa non fatta a causa della mancanza di uomini reclutabili viste le stringenti regole di reclutamento che prevedevano l'arruolamento di volontari o militari con almeno sei mesi di servizio con un'altezza di almeno un metro e 64.

I militari della *Guardia Reale Albanese* vestivano l'uniforme di gala che per il reparto era formata dai capi tradizionali utilizzati nell'Albania del Nord e in quella del Sud.

L'unità rimase a Roma fino all'Armistizio compiendo piccoli addestramenti e montando la guardia al Quirinale finché, rimasta con appena 118 uomini, venne sciolta.

▲ Camicie Nere albanesi durante una rivista. Fonte USSME.

▲ Due militi della Milizia Forestale Albanese in uniforme da gala. Fonte USSME.

▼ Granatieri del *3° Reggimento* mettono le stellette, simbolo del soldato italiano, ai militari albanesi del *Battaglione Tarabosh*. Fonte USSME.

▲ Ufficiali e soldati albanesi del Battaglione Tarabosh pronti a giurare fedeltà al Re d'Italia il 23 luglio 1939. Fonte USSME.

▼ Il Capo di Governo e Duce Benito Mussolini in visita ai volontari albanesi nel marzo 1941 a Berat. Fonte USSME.

▲ Un gruppo di ufficiali albanesi appartenenti ad un reggimento *Cacciatori d'Albania*. Da notare la varietà delle uniformi formate sia da esemplari in cordellino che in panno grigio-verde. Fonte: *Le unità albanesi nella Seconda guerra mondiale* - Luigi Manes.

▼ Due carabinieri albanesi, decorati con Medaglia d'Argento al Valor Militare, e la vedova di un altro appartenente all'Arma caduto in combattimento contro dei banditi e decorato con Medaglia d'Oro. Dietro di loro è visibile un ufficiale di fanteria. Fonte USSME.

▲ Fotografia del giuramento della *Guardia Reale Albanese* avvenuto a Roma il 29 aprile 1939. I soldati albanesi giurarono fedeltà urlando Betoj! [Giuro!] mentre gli ufficiali, singolarmente, di fronte al comandante del *2° Reggimento Granatieri*. Fonte: *Le unità albanesi nella Seconda guerra mondiale* - Luigi Manes.

▼ Fotografia della consegna della bandiera alla *Guardia Reale Albanese*. Fonte: *Le unità albanesi nella Seconda guerra mondiale* - Luigi Manes.

LA RESISTENZA ALBANESE FINO ALL'ARMISTIZIO

Subito dopo l'occupazione italiana iniziarono i primi atti resistenziali che però inizialmente si limitarono al rifiuto di collaborare con gli italiani, come citato dallo stesso Ciano il 12 aprile 1939 quando alcuni studenti delle scuole medie non vollero salutare romanamente oppure vi furono inneggiamenti a Re Zog.

Questo odio nei confronti degli italiani era portato avanti sia dai nazionalisti - cresciuti con il mito della Guerra di Valona - sia dalla popolazione non schierata che vedeva male gli italiani additandoli come bugiardi e, anche se il Regno d'Italia spese ingenti somme di denaro in Albania, credevano che questi soldi sarebbero stati utilizzati solo ed esclusivamente per gli interessi italiani.

A tutto questo si aggiunse una pessima amministrazione italiana che non fece altro che aumentare l'odio degli albanesi e addirittura nel 1940 vi furono alcuni scioperi di operai albanesi. Proprio dal 1940 iniziarono i primi atti armati, che spesso si confondono con semplici attacchi armati da parte dei briganti albanesi, e solo nell'estate dello stesso anno vi fu la prima 'grande' rivolta in Mirdita portata avanti da albanesi cattolici che avevano il timore che i propri figli fossero arruolati e spediti al fronte.

Da questo periodo iniziarono ad esserci vari attacchi contro militari italiani soprattutto nelle zone di confine come nel caso di una banda guidata da Ibrahim Kupi, fratello di Abaz Kupi.

La svolta venne dopo l'Ottobre 1940 con le gravi disfatte italiane contro l'esercito greco che poco dopo iniziò ad avanzare in territorio albanese, ricevendo spesso il supporto della popolazione civile albanese; il 17 maggio 1941 il diciannovenne Vasil Laçi attentò alla vita di Vittorio Emanuele III e del Primo Ministro Shefqet Verlaci ma fallì e venne catturato e impiccato dieci giorni dopo. La propaganda italiana ovviamente cercò di insabbiare il tutto affermando che il giovane era di origine greca.

Nel mentre la resistenza albanese, ancora non organizzata, iniziò a colpire soprattutto i collegamenti e le linee di comunicazione italiane e alla fine del 1941 si costituirono le prime vere bande partigiane che erano organizzate dal Partito Comunista [*Partia Komuniste e Shqipërisë*], guidato da Enver Hoxha che organizzava le proprie forze in bande, composte tra 50 e 60 uomini guidati da un comandante e da un commissario politico, le quali ovviamente avevano il supporto del Partito Comunista jugoslavo. Nel 1942, precisamente il giorno 16 settembre, seguendo le direttive del Comintern Hoxha riunì a Peze i comandanti partigiani di tutte le fazioni e i vari signori locali del Nord e Sud del paese e fondò il Movimento di Liberazione Nazionale [*Lëvizja Nacional* Çlirimtare] che aveva come obiettivo quello di unire tutti gli albanesi nella lotta contro l'occupante fascista per la liberazione dell'Albania.

Non tutti si unirono al MLN e nel novembre dello stesso anno alcuni partigiani nazionalisti e signori locali fondarono il Fronte Nazionale [*Balli Kombëtar*] che divenne il contraltare delle forze comuniste in Albania.

Le azioni di guerriglia aumentarono e questo portò alla reazione italiana con il rastrellamento di ben 27 distretti albanesi durante tutto il 1942 e le prime grandi azioni avvennero nella regione di Valona e in quella di Peze ma gli scontri furono pochi e gli italiani, guidati dal Maresciallo Logotito del SIM, colpirono in modo particolare i civili - spesso utilizzando la tortura - e i piccoli centri abitati portando così ad un aumento di uomini nelle file della Resistenza.

La situazione nel 1943 non poté che peggiorare e la *9ª Armata* schierata in Albania dovette scontrarsi spesso con le unità partigiane, a volte avendo anche la peggio[1] visto che le unità italiane non erano addestrate alla controguerriglia e continuando ad usare la violenza contro la popolazione civile. Le azioni partigiane continuarono a colpire i presidi italiani come a Voskopoja, presso Coriza, quando 200 partigiani riuscirono a catturare 150 soldati italiani prendendo anche il controllo del centro abitato mentre pochi giorni dopo presso Elbasan 200 partigiani, supportati da 1'000 civili, assediarono alcuni capisaldi della *41ª Divisione di Fanteria 'Firenze'* catturando anche 30 uomini.

Ad aprile del 1943 giunse la prima missione alleata presso i partigiani albanesi, inviata dal Special Operations Executive che paracadutò due agenti: il Tenente Colonnello Neil Mclean e il Maggiore David Smiley.

La missione aveva lo scopo di organizzare gli aviolanci ai partigiani albanesi e di stabilire contatti con le formazioni greche e jugoslave ma i primi risultati concreti arrivarono solo dopo l'Armistizio dell'8 Settembre.

Intanto i partigiani continuarono ad operare contro gli italiani, arrivando a controllare il sud dell'Albania; a marzo 500 partigiani attaccarono le posizioni fortificate della *49ª Divisione di Fanteria 'Parma'* a Permet venendo respinti mentre il 17 Maggio una forte unità partigiana attaccò il presidio italiano di Leskovik, difeso da circa 1'000 uomini. L'attacco fu molto duro e gli italiani resistettero per tre giorni finché non furono costretti alla ritirata lasciando nelle mani dei partigiani un ingente bottino di armi e munizioni e perdendo nello scontro centinaia di uomini tra morti e feriti e 30 prigionieri.

Di tutta risposta gli italiani intensificarono i rastrellamenti e a luglio effettuarono una dura azione tra Mallakaster e Tepeleni - dove pensavano vi fossero schierati 2'000 partigiani - radendo al suolo circa 80 villaggi e passando per le armi centinaia di civili.

Ormai però gran parte del paese era in mano ai partigiani e a nulla servì l'invio in Albania della *151ª Divisione di Fanteria 'Perugia'* in sostituzione della *'Ferrara'* inviata in Montenegro e alla vigilia dell'Armistizio la *9ª Armata* schierava in Albania sei divisioni di fanteria.

L'armistizio portò la *9ª Armata* a dissolversi e le sue unità ebbero destini diversi, quasi tutte le divisioni sparirono e i loro soldati vennero internati dai tedeschi mentre l'unica divisione a resistere oltre all'Armistizio fu la *41ª Divisione di Fanteria 'Firenze'* che si scontrò, assieme ad elementi della *53ª Divisione di Fanteria 'Arezzo'*, con i tedeschi presso Kruja il 22 Settembre venendo praticamente distrutta e costringendo i superstiti a fuggire in montagna. Da questi uomini, che collaborarono con i partigiani albanesi, nascerà il *Battaglione Partigiano 'Gramsci'* che combatterà nella Resistenza fino alla fine della guerra e addirittura sfilerà in Tirana liberata il 29 novembre 1944.

---

[1] All'inizio del 1943 il presidio della *49ª Divisione di Fanteria 'Parma'* a Gjorm venne attaccato da 300 partigiani del Fronte Nazionale venendo sopraffatti e perdendo 186 soldati in combattimento. La risposta italiana successiva fu dura e portò all'uccisione del Prefetto di Valona, considerato favoreggiatore dei partigiani.

▲ Partigiani albanesi fotografati davanti al cartello stradale di Tirana, all'ingresso della città. Tirana venne liberata dai partigiani nel novembre 1944.

▲ Enver Hoxha, capo del Partito Comunista albanese.

▲ Il Tenente Colonnello Neil Mclean, primo appartenente ad una missione britannica paracadutato tra le file della Resistenza albanese.

▲ Partigiani italiani del Battaglione 'Gramsci' durante la sfilata partigiana nella città di Tirana del 29 novembre 1944.
Fonte: Niccolò Lucarelli - Italiani in Albania 1939-1945 - Delta Editrice.

▼ Partigiani albanesi durante la parata a Tirana del 28 novembre 1944.

▲ Partigiani del *Balli Kombetar* entrano a Prizren nel 1944.

▼ Partigiani del *Balli Kombetar* in posa; da notare l'armamento prettamente italiano.

▲ Mitragliere italiano intento a far fuoco da un fortino in Montenegro. La situazione era simile anche in Albania. Fonte ACS.

▼ Un reparto di Camicie Nere intente a compiere un rastrellamento in Montenegro. Fonte ACS.

▲ Le bandiere del *Battaglione 'Gramsci'*.

▼ Postazione difensiva tedesca in Albania presso un fiume. Come tutte le forze resistenziali anche i partigiani albanesi cercavano di colpire le linee di comunicazioni nemiche.

▲ Squadra partigiana italiana in Albania. Fonte USSME.

▼ Una grossa formazione partigiana albanese in movimento verso Tirana.

▲ Foto in posa di un gruppo di partigiani che fingono un combattimento nella città di Tirana.

▼ Vasil Laci dopo la cattura in seguito all'attentato.

▲ Partigiani albanesi in posa. Da notare le molte armi italiani come un Fucile Mitragliatore Breda Modello 1930, due Moschetti Automatici Beretta e un Moschetto 91.

▼ Bandiera del Movimento di Liberazione Nazionale

APPENDICE: I DECORATI ITALIANI DURANTE LE OPERAZIONI IN ALBANIA

Ovviamente, come in tutte le operazioni militari, vi furono dei militari decorati con Medaglie al Valor Militare.
Per quanto riguarda i decorati elenchiamo quelli premiati con Regio Decreto del 22 settembre 1939-XVII e del 9 agosto 1940-XVIII.

Medaglia d'Oro al Valor Militare
- Tenente in Servizio Permanente Effettivo Riccardo Bombig dell'*8° Reggimento Bersaglieri*, decorato 'alla memoria' dopo essere caduto in combattimento sul ponte della Drinassa l'8 aprile.

Medaglia d'Argento al Valor Militare
- Colonnello Amerigo Anderson, comandante del *Gruppo Tattico 'Anderson'*, decorato per le azioni a Durazzo il 7 aprile;
- Colonnello Tullio Bernardi, comandante dell'omonima colonna, decorato per la buona condotta delle azioni del suo reparto;
- Soldato Damiano Blasi del *47° Reggimento di Fanteria 'Ferrara'*, decorato 'alla memoria' dopo essere stato ucciso a Durazzo il 7 aprile mentre tentava di assaltare una postazione albanese;
- Caporal Maggiore Achille Boccoli del *3° Reggimento Bersaglieri*, decorato alla memoria dopo essere stato ferito mortalmente in uno scontro con dei Gendarmi a Santi Quaranta il 7 aprile;
- Colonnello Mario Carasi, comandante dell'omonima colonna, decorato per la buona riuscita delle sue operazioni;
- Caporale Romolo Chirizzi, del *47° Reggimento di Fanteria 'Ferrara'*, decorato 'alla memoria' dopo essere stato ucciso in uno scontro a fuoco a Durazzo il 7 aprile;
- Capitano in S.P.E. Antonio Guarini, del *91° Reggimento di Fanteria 'Basilicata'*, decorato per le sue azioni a Durazzo il 7 aprile;
- Bersagliere Domenico Landi, del *9° Reggimento Bersaglieri*, decorato alla memoria dopo essere ucciso in uno scontro a fuoco tra San Giovanni di Medua e Alessio;
- Bersagliere Iginio Milani, del *9° Reggimento Bersaglieri*, decorato perché gravemente ferito in uno scontro con truppe albanesi ad Alessio il 7 aprile;
- Caporal Maggiore Giovanni Moznich, del *9° Reggimento Bersaglieri*, decorato per aver continuato ad incitare i suoi uomini, seppur gravemente ferito, in uno scontro ad Alessio il 7 aprile;
- Colonnello Arturo Scattini, comandante dell'omonima colonna, decorato per la buona conduzione delle sue truppe;
- Bersagliere Pietro Sertori, del *7° Reggimento Bersaglieri*, decorato per essere stato gravemente ferito mentre adempiva al suo compito di portaordini;

- Sottotenente di Complemento Bruno Zanetti, dell'*8° Reggimento Bersaglieri*, decorato per essere stato ferito mentre tentava di recuperare la salma del suo comandante durante lo scontro presso il ponte della Drinassa l'8 aprile.

Medaglia di Bronzo al Valor Militare
- Tenente Colonnello Michele Adabbo, dell'*8° Reggimento Bersaglieri*, decorato per le sue azioni a Durazzo il 7 e 8 aprile;
- Capitano in S.P.E. Pietro Amodei, del *7° Reggimento Bersaglieri*, decorato per la cattura di una batteria nemica a Durazzo il 7 aprile;
- Capitano dei Carabinieri Angelo Antico decorato per le sue azioni ad Alessio il 7 aprile;
- Caporale Gaetano Aricò, del *10° Reggimento Bersaglieri*, decorato per essere stato gravemente ferito a Bestrova il 7 aprile;
- Caporale Giuseppe Barresi, del *10° Reggimento Bersaglieri*, decorato per le sue azioni nello scontro a Bestrova del 7 aprile;
- Caporale Elio Brigiotti, del *7° Reggimento Bersaglieri*, decorato per aver conquistato con i suoi uomini alcuni centri di fuoco nemici a Durazzo il 7 aprile;
- Capitano di Complemento Giovanni Chiaradia, del *9° Reggimento Bersaglieri*, decorato perché di impulso, dopo aver preso il fucile mitragliatore di un bersagliere ferito, trascinò i suoi uomini alla conquista di un ponte nei pressi di Alessio il 7 aprile;
- Sergente Maggiore Antonio Cinco, del *9° Reggimento Bersaglieri*, decorato per aver adempiuto in modo attivo al rifornimento delle truppe con il suo automezzo a Scutari;
- Tenente di Complemento Giovanni Covatta, dell'*11° Reggimento Bersaglieri*, decorato perchè ferito a Durazzo l'aprile;
- Tenente Colonnello Quirico D'Amico decorato per le sue azioni come comandante del Genio a Shijak il 7 aprile;
- Maggiore in S.P.E. Luigi De Micheli, assegnato al comando della Colonna Messe, decorato perchè guidò in varie azioni a Durazzo i soldati alla conquista di capisaldi nemici;
- Caporal Maggiore Antonio De Pascalis, del *47° Reggimento di Fanteria 'Ferrara'*, decorato perché seppur ferito continuò a guidare i suoi uomini negli scontri a Durazzo;
- Aspirante Ufficiale Lucani Fontani, del *2° Reggimento Bersaglieri*, decorato perché guidò un plotone di motociclisti verso Tirana, superando varie resistenze nemiche;
- Capitano in S.P.E. Antonio Gualano, del *58° Reggimento di Fanteria 'Abruzzi'*, decorato perché operò con una colonna motocorazzata d'avanguardia da Durazzo a Tirana;
- Maggiore in S.P.E. Pasquale Lissoni, del *Gruppo Tattico 'Anderson'*, decorato perché guidò vari attacchi contro le posizioni albanesi a Durazzo;
- Maggiore Vincenzo Longo, del *2° Reggimento Bersaglieri*, decorato perchè come comandante di un battaglione Bersaglieri operò egregiamente sia a Durazzo che nell'avanzata su Tirana;

- Caporal Maggiore Paolo Melcore, del *47° Reggimento di Fanteria 'Ferrara'*, decorato perchè seppur ferito continuò a guidare il suo gruppo durante gli scontri a Durazzo;
- Maggiore in S.P.E. Mario Morra, del *10° Reggimento Bersaglieri*, decorato perchè guidò il suo battaglione durante i combattimenti a Bestrova;
- Sergente Maggiore Vincenzo Panzella, del *47° Reggimento di Fanteria 'Ferrara'*, decorato perchè continuò a tenere il comando della sua squadra seppur ferito durante gli scontri a Durazzo;
- Caporale Giovanni Pararusso, del *9° Centro Automobilistico*, decorato perchè colpì con il suo veicolo un posto di blocco albanese nei pressi di Durazzo e poi concorse alla conquista della zona;
- Sottotenente di Complemento Mario Piccoli, del *2° Reggimento Bersaglieri*, decorato perchè con il suo plotone conquistò una posizione nemica nei pressi di Gusa il 7 aprile;
- Soldato Ernesto Portaluppi, del *47° Reggimento di Fanteria 'Ferrara'*, decorato per aver preso il comando dopo la morte del suo caposquadra e poi, guidando la sua squadra, conquistò una posizione nemica a Durazzo;
- Sergente Elio Pontoni, dell'*11° Reggimento Bersaglieri*, decorato perchè seppur ferito continuò a tenere il comando della sua squadra portando alla conquista di varie posizioni nemiche a Durazzo;
- Tenente in S.P.E. Ermanno Reatto, del *2° Reggimento Bersaglieri*, decorato per le sue azioni a Durazzo;
- Tenente di Complemento Fermo Roggiani, dell'*11° Reggimento Bersaglieri*, decorato perchè seppur ferito guidò i suoi uomini alla conquista di vari capisaldi nemici a Durazzo;
- Bersagliere Carlo Robbioni, del *7° Reggimento Bersaglieri*, decorato perchè come capogruppo occupò vari capisaldi nemici a Durazzo;
- Tenente Colonnello Ugo Scirocco, del *9° Reggimento Bersaglieri*, decorato per aver guidato i suoi uomini all'ampliamento della testa di ponte di San Giovanni di Medua;
- Caporal Maggiore Antonio Stival, dell'*8° Reggimento Bersaglieri*, decorato per essere stato gravemente ferito in combattimento nei pressi di Scutari;
- Maggiore in S.P.E. Pio Storti, del *7° Reggimento Bersaglieri*, decorato perchè come comandante di battaglione guidò i suoi uomini alla conquista di Durazzo;
- Sergente Achille Tomei, dell'*11° Reggimento Bersaglieri*, decorato perchè come comandante di un plotone mitraglieri guidò i suoi uomini alla conquista di una postazione di mitragliatrice a Durazzo;
- Bersagliere Carlo Tonani, del *3° Reggimento Bersaglieri*, decorato per aver snidato insieme ad altri un gruppo di militari albanesi nascosti in una casa a Santi Quaranta;
- Maggiore in S.P.E. Guido Turino, dell'*11° Reggimento Bersaglieri*, decorato perchè guidava i suoi uomini alla conquista di Durazzo;
- Bersagliere Sante Vendramin, del *9° Reggimento Bersaglieri*, decorato perchè seppur ferito continuava a combattere negli scontri ad Alessio;
- Capitano in S.P.E. Michele Ventura, del *9° Reggimento Bersaglieri*, decorato perchè

guidò una compagnia di Bersaglieri durante la conquista di Alessio;
- Sottotenente di Complemento Giacomo Visentin, del 9° *Reggimento Bersaglieri*, decorato perchè come comandante di un plotone motociclisti occupò vari nodi stradali nella zona di Alessio;
- Colonnello Giovanni d'Antoni, comandante dell'omonimo *Raggruppamento Carri d'Assalto*, decorato per l'azione della sua unità tra Durazzo ed Elbasan;
- Colonnello in S.P.E. Alberto Mannerini, comandante dell'omonimo *Reggimento di Formazione*, decorato per l'aviosbarco della sua unità nell'aeroporto di Tirana;
- Tenente Colonnello di Complemento pilota Fortunato Federici, della *Colonna Messe*, decorato per aver guidato alcuni uomini alla conquista di capisaldi nemici a Durazzo;
- Ingegnere Giovani Raina decorato per aver cooperato al disarmo di vari elementi nemici e alla messa in sicurezza di un ponte nella zona di Shyk e Sukthy;
- Direttore della concessione *E.I.A.A.* Vittorino Romano decorato per aver partecipato ai combattimenti di Durazzo e per aver collaborato in altre azioni;
- Ingegnere Raffaele Staccioli decorato per aver guidato alcuni reparti a Durazzo e verso Tirana.

Vi fu anche l'assegnazione di 51 Croci al Merito di Guerra che per motivi di spazio non elenco.

▲ Fotografia del Tenente Riccardo Bombig, unica Medaglia d'Oro al Valor Militare durante le operazioni in Albania nell'aprile 1939.

BIBLIOGRAFIA

- Arena Nino, *La Regia Aeronautica 1939-1943. Volume Primo '1939-1940. Dalla non belligeranza all'intervento'*, Roma, Stato Maggiore Aeronautica Ufficio Storico, 1981.
- Battistelli Pier Paolo, *La guerra greco-italiana 1940-1941. L'errore fatale di Mussolini nei Balcani*, Gorizia, Leg Edizioni, 2022.
- Biagini Antonello e Frattolillo Fernando, *Diario Storico del Comando Supremo. Volume I (11.6.1940 - 31.8.1940). Tomo II (Allegati)*, Roma, Ufficio Storico Stato Maggiore Esercito, 1986.
- Crociani Pietro, *Gli albanesi nelle forze armate italiane*, Roma, USSME, 2001.
- Di Colloredo Mels Pierluigi Romeo, *Per vincere ci vogliono i leoni…I fronti dimenticati delle Camicie Nere 1939-1943*, Zanica, Soldiershop Publishing, 2019.
- Finazzer Enrico, *Guida alle artiglierie italiane nella Seconda guerra mondiale. Regio Esercito Italiano, Repubblica Sociale Italiana e Esercito Cobelligerante*, Genova, Italia Storica, 2020.
- Fischer Bernd Jurgen, *Albania at war, 1939-1945*, West Lafayette, Purdue University Press, 1999.
- Gallinari Vincenzo, *L'Esercito Italiano nel primo dopoguerra 1918-1920*, Roma, USSME, 1980.
- Longo Luigi, *L' Attività Degli Addetti Militari Italiani All'Estero Fra Le Due Guerre Mondiali (1919-1939)*, Roma, USSME, 1999.
- Lucarelli Niccolò, *Italiani in Albania 1939-1945*, Parma, Delta Editrice, 2021.
- Manes Luigi, *Le unità albanesi della Seconda Guerra Mondiale*, Zanica, Soldiershop Publishing, 2023.
- Montanari Mario, *Le truppe italiane in Albania (Anni 1914-20 e 1939)*, Roma, USSME, 1978.
- Pettibone Charles D., *The organization and order of battle of militaries in World War II. Volume IX. The overrun and neutral nations of Europe and Latin American Allies*, USA, Trafford on Demand Pub, 2014.
- Puletti Rodolfo e Dell'Uomo Franco, *L'esercito e i suoi corpi*, Roma. USSME, 1979.
- Ramoino Pier Paolo, *La Regia Marina tra le due guerra mondiali*, Livorno, Rivista Marittima, 2012.
- AA.VV, *Navi mercantili perdute*, Ufficio Storico dello SSM, Roma, 1997.

SITOGRAFIA

- www.angetmi.it
- http://www.niehorster.org/042_albania/Albania.htm
- https://naval-encyclopedia.com/ww2/minor-navies.php#al
- https://www.lavocedelmarinaio.com/2019/11/marina-reale-albanese-e-la-cannoniera-illiria/
- http://decoratialvalormilitare.istitutonastroazzurro.org/

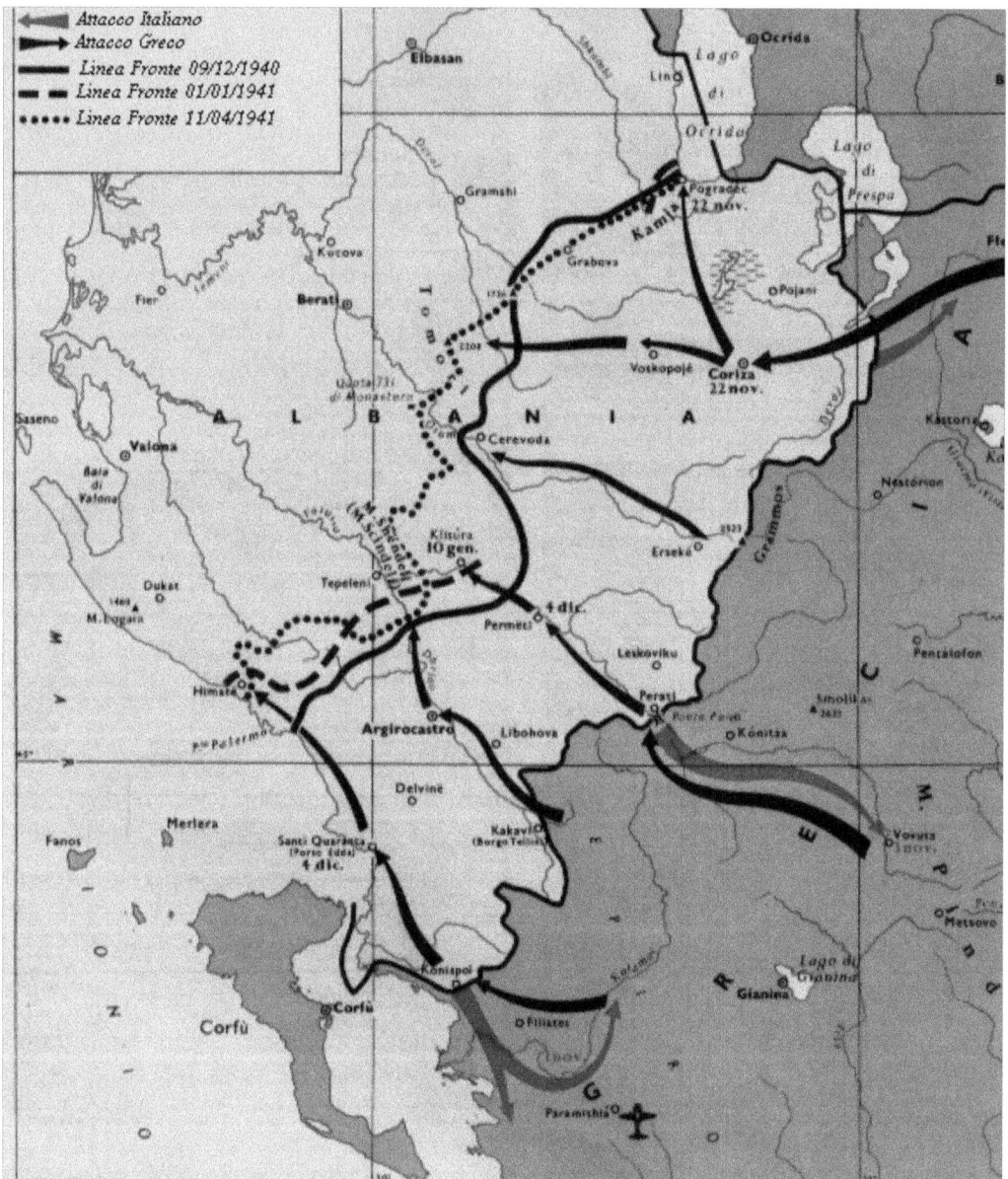

▲ Mappa della penetrazione greca in territorio albanese. I Greci conquistarono importanti centri abitati come Santi Quaranta, Coriza e Argirocastro.

TITOLI GIÀ PUBBLICATI - TITLES ALREADY PUBLISHING

BOOKS TO COLLECT

www.ingramcontent.com/pod-product-compliance
Lightning Source LLC
LaVergne TN
LVHW081452060526
838201LV00050BA/1772